www.ingramcontent.com/pod-product-compliance
Lightning Source LLC
LaVergne TN
LVHW021239080526
838199LV00088B/4972
* 9 7 8 9 3 5 8 7 2 1 9 3 5 *

سرسید اور تعلیمی تحریک

(مضامین)

مرتبہ:

سید حیدرآبادی

© Taemeer Publications LLC

Sir Syed aur Taalimi Tahriik (Essays)
by: Syed Hyderabadi
Edition: March '2024
Publisher :
Taemeer Publications LLC (Michigan, USA / Hyderabad, India)

ISBN 978-93-5872-193-5

مصنف یاناشر کی پیشگی اجازت کے بغیر اس کتاب کا کوئی بھی حصہ کسی بھی شکل میں بشمول ویب سائٹ پر اَپ لوڈنگ کے لیے استعمال نہ کیا جائے۔ نیز اس کتاب پر کسی بھی قسم کے تنازع کو نمٹانے کا اختیار صرف حیدرآباد (تلنگانہ) کی عدلیہ کو ہو گا۔

© تعمیر پبلی کیشنز

کتاب	:	**سر سید اور تعلیمی تحریک** (مضامین)
مرتب	:	**سید حیدرآبادی**
صنف	:	تحقیق و تنقید
ناشر	:	تعمیر پبلی کیشنز (حیدرآباد، انڈیا)
سالِ اشاعت	:	۲۰۲۴ء
صفحات	:	۱۰۰
سرورق ڈیزائن	:	تعمیر ویب ڈیزائن

فہرست

(۱)	سر سید کے فلسفہ تعلیم کی اہمیت اور ہم	لطیف حسین کاظمی	6
(۲)	سر سید کے تعلیمی تصورات	مسرور علی اختر ہاشمی	16
(۳)	سر سید احمد خان اور خواتین کی تعلیم	ایمان سکینہ	22
(۴)	سر سید احمد خاں: تاریخ نویس سے تعلیمی میدان۔۔۔	شاہد صدیقی علیگ	26
(۵)	سر سید احمد خاں کا جدید تصور تعلیم و اصلاح۔۔۔	ڈاکٹر صالحہ صدیقی	32
(۶)	سر سید کی تعلیمی خدمات و علی گڑھ تحریک	شرف الدین اعظمی	43
(۷)	جدید ہندوستان کی تعمیر میں سر سید احمد خاں کی خدمات	سونور جک	48
(۸)	سر سید احمد کی تعلیمی خدمات	عرشیہ انجم	57
(۹)	تعلیمی بیداری اور سر سید احمد خان	ابوالکلام انصاری	60
(۱۰)	سر سیّد احمد خاں، تعلیمی مشن کے علمبردار	ڈاکٹر سید احمد قادری	67
(۱۱)	سر سید کے تعلیمی تصورات اور تعلیم نسواں	حدیثہ افضل	73
(۱۲)	سر سیّد احمد خان کا نظریۂ تعلیم و تربیت	مجیب الرحمان شامی	84
(۱۳)	سر سید اور عصرِ جدید کے تقاضے	ڈاکٹر راحت ابرار	94

سر سید کے فلسفہ تعلیم کی اہمیت اور ہم

پروفیسر سید لطیف حسین کاظمی

استاد شعبۂ فلسفہ مسلم یونیورسٹی، علی گڑھ

سر سید احمد خان کی دو صد سالہ جشنِ ولادت کی تقریبات کے پیش نظر یہ مقالہ بطور خراج عقیدت حاضر ہے جس میں مختصراً کوشش یہ کی گئی ہے کہ بانئ درسگاہ علی گڑھ مسلم یونیورسٹی کے تصورِ تعلیم پر روشنی ڈالی جائے اور دورِ حاضر کے تناظر میں یہ احاط کیا جائے کہ دو سو سال کے عرصہ میں ہم نے کیا پایا اور کیا کھویا۔

'علی گڑھ تحریک' جس کی شروعات باقاعدہ طور پر ۱۸۶۴ء سے ہوئی، کوئی معمولی تحریک نہ تھی۔ اِس تحریک میں تمام ہندوستانی باشندوں کے لئے عموماً اور مسلمانوں کے لئے خصوصاً احیاء اور ذہنی بیداری کا پیغام تھا۔ سر سید کی یہ اصلاحی تحریک وقت کی ضرورت تھی۔ اُن کی دور رس نگاہوں نے زمانے کے رُخ کو پہچان لیا تھا۔ سر سید کی یہ اصلاحی تحریک وقت کی ضرورت تھی جس کے لئےِ تعلیم کی اشد ضرورت تھی۔ اب ان کے تصورِ تعلیم پر ایک نظر:

سر سید کا فلسفہ تعلیم جداگانہ تھا۔ وہ تعلیم سے مراد صرف لکھنا، پڑھنا اور سیکھنا مراد نہیں لیتے تھے بلکہ وہ تعلیم کو انسان کی ہمہ جہت ترقیاتی منصوبوں کا ضامن قرار دیتے تھے۔ وہ تعلیم کو اخلاقی بلندی، مہذب رویہ اور ذہنی کشادگی کا ایک بہترین وسیلہ سمجھتے

تھے اور ساتھ ساتھ اسے سماجی بہتری کا آلہ کار گردانتے تھے۔ وہ کہتے ہیں۔"مجھے اس سے زیادہ خوشی نہیں کہ کسی نے بی۔اے یا ایم۔اے کی ڈگری حاصل کرلی بلکہ میری خوشی تو قوم کو قوم بنانے میں ہے"۔ اسی ضمن میں پھر فرماتے ہیں "عزیزو! تعلیم! اگر اس کے ساتھ تربیت نہ ہواور جس تعلیم سے قوم قوم نہ بن سکے۔ وہ تعلیم در حقیقت کچھ قدر کے لائق نہیں ہے۔ پس انگریزی پڑھ لینا اور بی۔اے اور ایم۔اے ہو جانا جب تک کہ اس کے ساتھ تربیت اور قومیت کی فیلنگ (Feeling) نہ ہو ہم قوم کو قوم اور ایک معزز قوم نہیں بنا سکتے"۔ سر سید تعلیم کے ساتھ تربیت کو لازمی سمجھتے ہیں۔ اُن کے نزدیک "جو کچھ انسان میں ہے۔ اس کو باہر نکالنا انسان کو 'تعلیم' دینا ہے اور اس کو کسی کام کے لائق کرنا، اس کا تربیت کرنا ہے"۔ اس طر سر سید کے مطابق تعلیم ایک جوہر ہے جس سے انسان کی اندرونی خداداد صلاحتوں کو تحریک ملتی ہے اور وہ شگفتہ و شاداب ہو کر انسان کی ذاتی، تہذیبی، سماجی اور قومی و ملکی ترقی میں معاون ثابت ہوتی ہیں۔

سر سید کے نزدیک اگر تعلیم کے ذریعہ انسان کے اندرون میں پوشیدہ صلاحتیں نہیں نکھرتی ہیں تو وہ بے کار، برائے نام تعلیم ہے جس کا اندازہ ہم موجودہ دور میں کر سکتے ہیں۔ سر سید کے خیال میں اگر کوئی انسان کتنا ہی نیک دل کیوں نہ ہو جب تک وہ عمدہ تعلیم و تربیت سے آراستہ نہیں ہوتا، اس وقت تک اس کی ہر خوبی اور اس کا ہر کمال اس کے اندر ہی پوشیدہ رہتے ہیں اور اسکی شخصیت کی سچی اور اچھی تصویر ابھر کر سامنے نہیں آپاتی۔ اسی طرح عام مسلمانوں کی عموماً اور ہندوستانی مسلمانوں کی خصوصاً وہ ساری خرابیاں مثلاً جہالت، تنگ نظری، تعصب، عیب جوی وغیرہ کو دور کرنے کے لئے اعلیٰ تعلیم کی ضرورت پر زور دیتے ہوئے سر سید فرماتے ہیں:

"میں اپنی قوم میں ہزاروں خوبیاں دیکھتا ہوں پر ناشائستہ، ان میں جرأت مندی اور بیباکی پاتا ہوں پر خوفناک، ان میں قومی استقلال دیکھتا ہوں پر بے ڈھنگا، ان میں صبر و قناعت بھی ہے پر بے موقع، پس میرا دل جلتا ہے اور میں خیال کرتا ہوں کہ اگر یہی انکی عمدہ صفتیں عمدہ تعلیم و تربیت سے آراستہ ہو جائیں تو دین و دنیا دونوں کے لئے کیسی کچھ مفید ہوں"۔ (مقالات سرسید، مرتب: محمد عبداللہ خویشگی صفحات: ۷۶۔۷۷)

سرسید کا فلسفہ تعلیم تین اہم اصولوں پر مبنی ہے۔ ایک علیگ عالم و مفکر وہ ہوگا جس کے دائیں ہاتھ میں فلسفہ، بائیں ہاتھ میں سائنس اور ٹیکنالوجی اور سر پر کلمہ طیبہ کا تاج۔ تمام کے تمام امور کو سمجھنے کے لئے فلسفہ کا ادراک ہونا از حد ضروری ہے گویا علم المعاملہ مین عقلی دلائل، حالات کا منطقی جائزہ، فہم و فراست کا درست استعمال اور زندگی کے تمام شعبہ جات مین تدبر، تعقل، تفکر سے کام لیا جائے تاکہ انسان میں بردباری، نیکی، خوش اخلاقی، کشادہ دلی اور انسانی خدمت کے جذبات جگہ پاسکیں۔ سائنسی مزاج اور روزمرہ کی ضرورتوں کو پورا کرنے اور ترقیاتی میدانوں میں آگے بڑھنے کے لئے ٹکنالوجی کو اپنانے کی ضرورت ہے۔ لہذا سائنسی علوم، انگریزی اور دوسری زبانوں کی بھی مہارت ہونا لازمی ہے۔ تیرا اہم اصول توحید اور رسالت کا ہے جس پر مسلمانوں کی اساس ٹکی ہے لہذا فلسفہ، سائنس اور دیگر سارے علوم کو حاصل کرتے ہوئے ان کے استعمال میں یہ یاد رکھنا ضروری ہے کہ پورا تعلیمی مشن توحید اور رسالت کے مطابق ہو، وہ لکھتے ہیں، "اس بات کی خوشی کہ مسلمان مختلف علوم وفنون میں ترقی کریں اسی وقت ہو سکتی ہے جبکہ دنیاوی علوم کے ساتھ مذہبی تعلیم و تربیت میں بھی وہ ترقی کریں"۔

سرسید کے فلسفہ تعلیم کے برعکس آج اکیسویں صدی کی مسلم دنیا کا جب ہم بغور مطالعہ کرتے ہیں۔ تو یہ پاتے ہیں کہ تعلیمی میدان میں ہمارا مقام جو ہونا چاہئے تھا وہ نہیں

ہے۔ اگر چہ صورتِ حال مایوس کُن نہیں مگر بہت بہتر بھی نہیں۔ مدرسوں کا حال دیکھئے، علما کی تبلیغات کو سنئے، یونیورسٹیوں کی تعلیم کا جائزہ لیجئے، پڑھے لکھے بے روزگار نوجوانوں پر نظر ڈالئے، ہر طرف سوائے مایوسی کے کچھ بھی حاصل نہیں۔ خاص کر ان دو صدیوں میں ہمارے کپڑے اور زیور ہی بدلے ہیں فکر و تحقیق نہیں۔ اب تو تعلیم، خواہ دینی ہو یا دنیاوی، کمرشل ہو گئی ہے اور ہم سب کھڑے تماشاہی بنے دیکھ رہے ہیں۔ اب سماج کا ہر آدمی عام طور پر یہ کہتا ہے کہ سماج اور دین و مذہب کی خرابیوں کا ذمہ دار "پڑھا لکھا طبقہ" ہے نہ کہ جاہل وان پڑھ۔ سر سید اپنے دور میں بھی یہ کہتے نظر آتے ہیں۔ "ہم اپنے ہاں کے عالموں کا حال بالکل ہی دیکھتے ہیں: کہ ان کے روحانی قویٰ بالکل نیست و نابود ہو جاتے ہیں، اور صرف زبانی بک بک یا تکبر و غرور، اور اپنے کو بے مثل و نظیر، قابلِ ادب سمجھنے کے اور کچھ باقی نہیں رہتا، زندہ ہوتے ہیں مگر دلی اور روحانی قویٰ کی شگفتگی کے اعتبار سے بالکل مردار ہوتے ہیں۔۔ اور ہماری حالت تمام معاملات میں، کیا دین کے کیا دنیا کے، خراب ہوئی چلی جاتی ہے" (مقالاتِ سر سید، صفحہ :۸۱)

سر سید احمد خاں مسلمانوں کو دینی اور دنیاوی علوم دونوں دلانے کے حق میں تھے لیکن اس میں وہ خصوصیت کے خلاف بھی نہ تھے ان کا ماننا تھا کہ انسان کے لئے دونوں ضروری ہیں اور ان میں فرق کرنا درست نہیں۔ یہ ایک ہی سکہ کے دو پہلوں ہیں اور دونوں ہی زندگی کے لئے ضروری ہیں۔ یہ دنیا آخرت کی کھیتی ہے لہذا اسے غیر آباد نہیں چھوڑ سکتے اور آخرت میں یہاں ہی کے اعمال کا حساب کتاب ہو گا۔ لہذا اس کا بھی خیال رکھنا ضروری ہے۔ اسی لئے ایک 'مسلمان' ہر جگہ پورے کا پورا 'مُسلمان' ہوتا ہے، چاہے وہ سیاست میں ہو، کاروبار میں ہو، اسکول، کالج، مدرسہ یا یونیورسٹی میں ہو، یا دیگر کسی بھی شعبہ زندگی سے تعلق رکھتا ہو۔ وہ یہ نہیں کہہ سکتا کہ سیاست الگ ہے اور مذہب الگ،

کاروبار الگ ہے اور دین الگ۔ اسی لحاظ سے سر سید نے دینی تعلیم کو بھی مدرستہ العلوم کا ضروری حصہ مان کر شیعہ اور سنی مسلک کے طلبا کے لئے علیحدہ علیحدہ نصاب مقرر کیا اور اساتذہ بھی۔ وہ قوم وملت میں کسی قسم کا اختلاف نہیں چاہتے تھے حتیٰ کہ غیر مسلم حضرات سے بھی اُن کا سلوک بھائیوں ہی جیسا تھا۔ اس طرح وہ ہندو، مسلم، سکھ، عیسائی وغیرہ کے اتحاد کے حامی تھے اور چاہتے تھے کہ تعلیم کے زیور سے سب آراستہ و پیراستہ ہوں اور قوم اور ملک آگے ترقی کی راہوں پر گامزن ہو سکیں۔

وہ لکھتے ہیں کہ "مدرستہ العلوم جو قوم کی بھلائی کے لئے قائم کیا گیا اس کا بانی کوئی ہو مگر اب تمام دوست تا دشمن اس بات کے قائل ہیں کہ اس قسم کی تعلیم گاہ کی قوم کے لئے نہایت ضرورت تھی اور نہایت عمدہ اصول پر قائم بھی ہوئی تھی مگر کوئی بھی اس کی امداد اور تکمیل و سرپرستی و ترقی پر مائل نہیں ہے۔ کوئی بات بھی کسی میں قومی ہمدردی کی نہیں پائی جاتی۔۔۔ خصوصاً مسلمانوں کا دل تو خدا نے اس معاملہ میں پتھر سے بھی زیادہ سخت کر دیا ہے۔ مسلمانوں کا دل تو قومی بھلائی کے کام میں کسی طرح ہلتا تک نہیں ہر شخص کے دل میں یہ خیال اور زبان پر یہ مقال ہے کہ اس میں ہمارا کیا فائدہ ہے" (علی گڑھ انسٹی ٹیوٹ گزٹ، ۲۷ ستمبر ۱۸۷۸ء)

المختصر سر سید کے تعلیمی مشن یا علی گڑھ تحریک کا مُدعا و مقصد یہ تھا کہ مسلمان:

ا۔ قدامت پرستی کا خاتمہ کریں، آزادیٔ فکر اور ذہنی بیداری سے دورِ جدید کے تقاضوں کو سمجھ کر ترقی کی راہوں پر آگے بڑھیں جب تک کہ وہ آزادیٔ فکر سے کام نہیں لیں گے۔ ایک مہذب زندگی کا تصور پیدا نہیں کر سکتے۔

۲۔ ایسے عقائد جن کا مذہب سے کوئی تعلق نہ ہو۔ ناروا واقعات راہ میں حائل ہوں، ترک کر دیں اور مذہب کی روح کو سمجھیں۔

۳۔ تمام مذہبی اور دیگر توہمات سے اجتناب کریں اور عقلِ سلیم کی روشنی میں معاملے کو سمجھ پرکھ کر عملی صورت اختیار کریں۔

۴۔ بچوں کو تعلیم دلانے کی ہر ممکن کوشش کریں کیونکہ بغیر علم کے زندگی کے کسی بھی شعبے میں ترقی ممکن نہیں جب تک جہالت کو جڑ سے نہیں اُکھاڑا جاتا۔ ارتقائی راہیں ہموار نہیں ہوسکتیں۔

۵۔ عورتوں کو علم کے زیور سے آراستہ کریں، اُن کے حقوق کا ہر ممکن لحاظ رکھیں۔ اُنہیں دستکاری اور دیگر چھوٹے موٹے کام سکھائیں۔

۶۔ سب مل کر تعلیمی سہولیات مہیا کریں تاکہ ہر فرد علم حاصل کرسکے۔

۷۔ مختلف فنون سیکھیں اور کارخانوں کو بڑھاوا دیں تاکہ اقتصادی مسائل آسانی سے حل ہوسکیں اور وہ خود کفیل ہوں اور اُن میں خوداعتمادی آئے۔

۸۔ لوگوں کو قوم و نسل، رنگ، ذات و خطہ کے نام سے بانٹنے والی سیاست سے دُور رہیں اور قوم میں اولین علمی و ذہنی بیداری پیدا کریں تاکہ وہ نفع و نقصان میں فرق محسوس کریں۔

۹۔ مغربی علوم و فنون کو سیکھیں اور جدید طرزِ زندگی اپنائیں مگر اُن کی حصولی اور آموزش میں اِس بات کا خاص خیال رکھا جائے کہ کوئی بھی طریق اسلامی احکام و تعلیمات سے تضاد نہ پیدا کرتا ہو۔ گویا جدید علوم و فنون بھی سیکھے جائیں اور مذہبی و تاریخی تشخص بھی قائم رہے۔

الغرض مسلمانوں کی اصلاح تعمیر و ترقی کے لئے مندرجہ بالا چند نمایاں مقاصد اور متعدد دوسرے امور جن سے سرسید کی علی گڑھ تحریک مملو و مرکب تھی، جس کا بنیادی مقصد یہ تھا کہ مسلمانانِ ہند تعلیمی میدان میں بیدار ہوں۔ اُن کی حُسنِ معاشرت اور

تہذیب کی ترقی ہو، توہمات اور غلط اوہام مذہبی جو اِس ترقی اور بیداری کے مانع ہیں اور در حقیقت مذہبِ اسلام کے خلاف ہیں، اُن کو رفع و ترک کیا جائے اور اہلِ یورپ و امریکہ کے اس اعتراض سے کہ 'اسلام جدید تہذیب و تمدن کا دشمن ہے۔' قطعی اور واضح دلائل اور حقائق کی روشنی میں اِس اعتراض کو سرے سے روکا جائے، قومی ادبار اور تنزّل کے باعث اخلاق و عادات کی خرابیوں کو بطرزِ احسن مسلمانوں کو متنبہ کر کے ارتقائی منازل کی جانب مائل کیا جائے۔ فرسودہ بیہودہ اور مضر رسم و رواج سے نفرت دلائی جائے۔ جدید علوم و فنون اور صنعتوں کو حاصل کرنے اور بڑھاوا دینے اور اپنی مدد آپ کرنے کا جذبہ نوجوانوں میں پیدا کیا جائے اور ساتھ ہی بزرگانِ اسلاف کی عظمت اور اُن کے علمی اور عملی کارناموں کی یاد بھی مسلمانوں میں زندہ رکھی جائے، عورتوں مردوں میں تعلیمی شعور کو اُبھارا جائے۔ گویا سر سید نے رسالہ "تہذیب الاخلاق" کے ذریعہ علمی، ادبی، اخلاقی، معاشرتی، مذہبی، تمدنی، اصلاحی اور تعمیری مضامین لکھ کر مسلمانوں کو خوابِ غفلت سے بیدار کیا۔ دعوتِ فکر و عمل دی، اور میں تو یوں کہوں گا کہ صرف مسلمانوں ہی پر نہیں اُنھوں نے انسانیت پر بھی احسانِ عظیم کیا ہے۔

مندرجہ بالا امور کی عملی صورت کے لئے سر سید نے ۲۴/ مئی ۱۸۷۵ء میں محمدن اینگلو اورینٹل کالج (M.A.O. College) کی بناء ڈالی جو بعد میں ۱۹۲۰ء سے "علی گڑھ مسلم یونیورسٹی" کے نام سے ہمارے سامنے ہے۔ اِس ادارے کے قیام سے سر سید کا مقصود یہ تھا کہ یہاں کے طلباء "مکمل انسان" بن کر نکلیں۔ علم و اخلاق کے زیور سے آراستہ و پیراستہ ہو کر دور دراز علاقوں میں نمونۂ علم و عمل بن کر جائیں اور قوم و ملت کو بیدار و زندہ کریں اور باعثِ فخر و رشک ہوں۔ یہ ایک اور تفصیل طلب بحث ہے کہ سر سید کے اِس خواب کی تعبیر کہاں تک پوری ہوئی اور مسلم یونیورسٹی کے کل اور آج میں کیا

فرق ہے ؟ بہر حال سر سید کے خطبات و مقالات اور یونیورسٹی ادارہ سے تاحیات دنیائے انسانی، علم و ہنر، تہذیب و تمدن سے فیض یاب ہوتی رہے گی اور خصوصاً اسلامی دنیا، معمارِ قوم و ملت، سر سید احمد خاں کے اس جاری و ساری فیض کی احسان مند رہے گی کہ اُنھوں نے ایک طرف سچے اسلام کا نقشہ پیش کر کے اور جذبۂ آزادی و خود شناسی کا درس دیا اور دوسری طرف علوم کا احیاء اور فکر و نظر کے جادے روشن کر کے عالمِ اسلام کی ذہنی و علمی تعمیر و ترقی کا اثاثہ فراہم کیا۔

خلاصۂ کلام یہ ہے کہ سر سید کی دور رس نگاہوں نے پہلے ہی بھانپ لیا تھا کہ موجودہ اور آئندہ آنے والے وقت میں مسلمانوں کی کامیابی کا راز صرف تعلیمی بیداری میں پوشیدہ ہے۔ لہٰذا اُنھوں نے 'علی گڑھ تحریک' کے زیرِ اثر مُسلمانوں کو 'احیا' اور ذہنی بیداری کا پیغام دیا تاکہ وہ پُرانے فرسودہ خیالات، توہم پرستی اور اندھی تقلید سے باہر نکلیں اور جمود، بے حِسی، نااُمیدی کو چھوڑیں اور ہاتھ پر ہاتھ دھرے تقدیر کو کوسنا بند کریں۔ آج کا ہندوستان، پاکستان اور بنگلہ دیش جو سر سید کے زمانہ میں ایک ہی خطہ تھا، سب جگہ حالات کم و بیش ایک ہی جیسے ہیں۔ نہ سیاسی شعور میں کچھ خاص تبدیلی آئی ہے اور نہ ہی مذہبی رواداری کے سُنہرے اصولوں پر خاص دھیان دیا گیا ہے، بلکہ اگر ترقی ہوئی ہے تو بس الزام تراشی، عیب جوئی اور دفاع کے اخراجات میں اضافہ کی سر سید نے جس آزاد ہندوستان کا خواب دیکھا تھا وہ موجودہ ہندوستان ایسا نہ تھا۔ تعلیم کے زیور سے آراستہ ہونے کی ضرورت اب بھی باقی ہے گو کہ اِس میدان میں مُسلمان کچھ حد تک آگے بڑھے ہیں اور اب بھی یہ سفر جاری ہے۔ اِسی طرح مذہبی رواداری، فکری احیاء اور اسلام کی تعبیرِ نو کی ضرورت سر سید کے دور سے بھی زیادہ آج محسوس کی جا رہی ہے۔ عالمِ اسلام اِس ضمن میں اُس دوراہے پر کھڑا ہے کہ منزل کا پتا بتانے والا کوئی نہیں ہے۔

مسلمانوں کو دہشت گرد، بنیاد پرست، فسادی، انسانیت کش اور ظالم تصور کیا جارہا ہے اور اِسلام جو کہ امن، رواداری اور انسان دوستی کا مذہب مانا جاتا ہے۔ دہشت گردی اور مردم آزاری کا مذہب سمجھا جانے لگا ہے۔ غیر مُسلِم تو درکنار خود مُسلمان آپس میں، مسلک، رنگ و نسل اور علاقائی بنیادوں پر ایک دوسرے کے دُشمن ہو گئے ہیں۔ نیم ملاؤں نے دین کی اپنی دکانیں کھول لی ہیں اور نااہلی اور کم ظرفی میں چند پیسوں اور دیگر عارضی فائدوں کے عِوض فتوے دے کر سستے داموں سنہری اصولوں کی نیلامی کر رہے ہیں۔ سر سید تو یہ چاہتے تھے کہ مسلمانوں کا عِلمی اور فِکری رجحان ترقی کرے اور وہ سائنس، تجارت اور ٹیکنالوجی میں آگے بڑھیں اور مذہبی تشخص بھی باقی رہے۔ نیز سماجی، سیاسی، تہذیبی شعور بھی پیدا رہو کہ زمانے کے ساتھ وہ آگے بڑھ سکیں۔ سچ تو یہ ہے کہ سر سید کے خواب ابھی ادھورے ہیں، اُنہیں پورا کرنا اِسلامی دانشوروں کا کام ہے۔

، سر سید کے خوابوں کی تعبیر یعنی علی گڑھ مسلم یونیورسٹی، علی گڑھ، بانیٔ درسگاہ کے فِکر و عمل کی مختلف جہات مثلاً تعلیمی سماجی، سیاسی، مذہبی، تہذیبی اور جدیدیت وغیرہ میں اپنا نمایاں کردار ادا کر رہی ہے۔ مگر اب بھی بہت کچھ کرنا باقی ہے۔ مسلمانانِ عالم، "علی گڑھ تحریک" کی روشنی میں اپنا احتساب کریں اور جس نئے عہد کی بنیاد سر سید نے ڈالی تھی اُسے پورا کریں اور جدید دور کی ضرورتوں کے مطابق سماج میں، ہر شعبہ میں ترقی کر کے، اپنا اور اسلام کے مِشن کا نام اونچا کریں تاکہ عوام الناس کو اُن کے کردار اور افکار سے معلوم ہو کہ واقعی اِسلام امن، رواداری اور انسان دوستی کا مذہب ہے اور اُس کے ماننے والے انسان دوست ہیں جو دلوں کو توڑتے نہیں بلکہ جوڑنے کی عبادت میں محو ہیں۔

اب آخر میں یہ فیصلہ میں سر سید کے خوابوں کی تعبیر یعنی مسلم یونیورسٹی علی گڑھ کے محترم اساتذہ، طلباء اور تمام ہمدردان 'علی گڑھ تحریک' پر چھوڑتا ہوں کہ وہ معمارِ قوم

سر سید کے مشن کے مطابق اپنے آپ کا محاسبہ کریں کہ کہاں تک اُنہوں نے 'علی گڑھ تحریک 'کو کامیاب بنایا اور عملی جامہ پہنایا ہے اور میں یہ وثوق سے کہتا ہوں کہ اگر ہم علامہ اقبالؔ کے فلسفۂ "خودی" کی روشنی میں سر سید کی عملی زندگی اپنائیں تو یقیناً مسلم یونیورسٹی کا نام و مقام اور بلند کر سکتے ہیں، ذہنی بیداری لاکر مسلمانوں میں علوم و فنون، تہذیب و تمدن اور اپنی مدد آپ کرنے کا جذبہ پیدا کر سکتے ہیں۔ یہ سب کچھ اُسی وقت ممکن ہے جب ہم عقل و فہم سے معاملات و مسائل کو سمجھیں، غلط و صحیح کو ماننے اور منوانے کا حوصلہ رکھیں اور کردار کا نمونہ لے کر میدانِ عمل میں آئیں۔ ابھی مسلم یونیورسٹی کے اساتذہ طلباء اور سر سید کی 'علی گڑھ تحریک' سے وابستہ مخلص حضرات کو بہت کام کرنا ہے، قوم اب بھی سو رہی ہے، اُسے بیدار کرنا ہے اور علم کی روشنی سے اُسے فیض یاب کرنا ہے۔ یہ ہمارا نصب العین ہونا چاہیے اور اِسی کی تکمیل سر سید کے مِشن کی تکمیل ہوگی۔ بقول حالیؔ:

تمہیں کہتا ہے مردہ کون تم زندوں کے زندہ ہو
تمہاری خوبیاں زندہ تمہاری نیکیاں باقی

***

سر سید کے تعلیمی تصورات

مسرور علی اختر ہاشمی

سر سید خاں ایک منفرد شخصیت کے مالک تھے۔ وہ حالات کو اپنی نظر سے دیکھنے اور اپنے نتائج خود اخذ کرنے کے خوگر تھے۔ تحقیق شروع ہی سے ان کے مزاج کا جزو تھی۔ دلی کی تاریخی عمارتوں کا مطالعہ کرتے وقت رسیوں سے بندھے ہوئے جھولے میں بیٹھ کر قطب مینار پر کندہ کی گئی تحریر کو پڑھنے والا شخص پر شوق بھی تھا اور باریک بیں بھی۔ یہ مزاج ایک بہترین محقق ہی کا ہو سکتا ہے۔ پھر کیا عجب کہ اس شخص نے غدر کے حالات سے گذر کر جو نتائج نکالے وہ دوسروں سے مختلف تھے۔ ان کا خیال تھا کہ انگریز اب ہندوستان کے فرماں بردار رہیں گے، اور بہتر یہی ہو گا کہ مسلمان جو پہلے ہی انگریز کی نظر میں دشمن کی حیثیت رکھتے ہیں، اس فاتح قوم سے مل جل کر رہیں۔ یہی بات ان کی تعلیمی پالیسی میں بنیادی حیثیت رکھتی ہے۔

انہوں نے انگریزی تہذیب اور تعلیم کا بڑے شعوری انداز میں قریب سے مطالعہ کیا، خود انگلستان گئے اور وہاں کے سترہ ماہ کے قیام میں تعلیمی ادارے جیسے کیمبرج یونیورسٹی دیکھے اور انگریزی معاشرت، انگریزی کردار اور انگریزی تہذیب کے مختلف پہلوؤں کا غائر مطالعہ کیا۔ انگریز من حیث القوم بات کے سچے، وعدے کے پابند، محنتی، جفاکش اور باحمیت لگے۔ یہ خوبیاں نہ صرف طبقہ اعلی کے افراد میں تھیں بلکہ گھر میں کام

کرنے والی خادمہ میں بھی تھیں جو قیام انگلستان کے دوران ان کے گھر میں کام کرتی تھی۔ یہی خوبیاں انگریزوں کی کامیابی کی ضامن تھیں۔

اس کے برخلاف مسلمان قوم کے افراد میں ایک زوال پذیر قوم کی بہت سی برائیاں جمع ہو گئی تھیں۔ وہ نہ جانے کتنے ایسے کاموں میں لگے رہتے جن کے کرنے میں سوائے وقت کے زیاں کے اور کچھ حاصل نہ ہوتا۔ جیسے کنکوے اڑانا، مرغ، بٹیر اور مینڈھے لڑانا۔ چنانچہ ان کی تعلیمی فکر کی اساسی چیزوں میں زور اس بات پر تھا کہ مسلمان قوم میں خصوصاً اور ہندوستانیوں میں عموماً ایسی انسانی خوبیاں پیدا ہوں جن سے وہ بہتر اقوام عالم اور انگریز ایسی ہی ایک قوم تھے، میں شمار ہو سکیں۔

علی گڑھ میں محمڈن اورینٹل کالج کا افتتاح ۱۸۷۷ء میں ہوا۔ اس سے دو سال پہلے اسکول کا افتتاح ہو چکا تھا۔ علی گڑھ کالج ان کے خیالات کا عملی اظہار تھا۔ کسی خیال کو جب عمل میں لایا جاتا ہے تو عملی شکل عموماً خیال پر سولہ آنے پوری نہیں اترتی۔ یہی علی گڑھ کے معاملے میں ہوا اور علی گڑھ میں مشرقی علوم دلی کالج کے برخلاف مغربی علوم سے مات سی کھا گئے۔ یہ بات سرسید کے خیالات سے میل نہیں کھاتی۔ دلی کالج کے شعبہ مشرقی علوم نے ڈپٹی نذیر احمد، الطاف حسین حالی، ذکاء اللہ جیسے لوگ پیدا کیے۔ دلی کالج کے انگریز پرنسپل صاحبان خود بھی مشرقی علوم کے حامی تھے۔ علی گڑھ کالج میں ایک وقت میں آرنالڈ اور مولانا شبلی کے ساتھ رہنے سے فکری سطح پر جو لین دین ہوا وہ سرسید کے خیالات کے عین مطابق تھا۔

اس لیے اندازہ لگایا جا سکتا ہے کہ مشرقی علوم کو وہ مرتبہ حاصل نہ ہونے پر جو دلی کالج میں حاصل تھا، سرسید کو کس قدر تکلیف ہوئی ہو گی۔ یہ تو ایک اہم بات ہے جو سرسید کی تعلیمی فکر کا حصہ تھی۔ لیکن ان کے تعلیمی خیالات کو جاننے کے لیے ۱۸۸۲ء میں قائم

کیے جانے والے تعلیمی کمیشن کے سامنے دیے گیے ان کے بیانات بڑی اہمیت کے حامل ہیں۔ یہ وہ زمانہ تھا جب علی گڑھ کالج کو قائم ہوئے پانچ سال ہو چکے تھے، اور سرسید ان دشواریوں سے خوب واقف ہو چکے تھے جو خیال اور عمل کے مابین رہتی ہیں۔

سرسید شروع میں اس خیال کے حامی تھے کہ ابتدائی، ثانوی اور اعلی تعلیم مقامی زبانوں میں ہونا چاہیے۔ غیر ملکی یا انگریزی زبان میں نہیں ہونی چاہیے۔ کیونکہ جو باتیں اپنی زبان میں سمجھی جا سکتی ہیں وہ اتنی آسانی سے کسی غیر ملکی زبان میں نہیں سمجھی جا سکتیں۔ لیکن علی گڑھ کالج کے قیام کے پانچ سال کے اندر ان کے خیال میں تبدیلی آگئی اور ۱۸۸۲ء کے ایجوکیشن کمیشن کے سامنے بیان دیتے وقت انہوں نے کہا، "ان ورنیکلر و انگریزی پرائمری اور مڈل اسکولوں میں جن کا مقصد طالب علموں کو اعلی درجے کی تعلیم کے واسطے تیار کرنے کا نہیں ہے، مغربی علوم کا جہاں تک کہ وہ پڑھائے جاتے ہیں ورنیکلر زبان میں پڑھایا جانا بے شک ملک کے حق میں بہتر ہو گا، مگر انگریزی ابتدائی اسکولوں میں، جو اس غرض سے قائم کیے گئے ہیں کہ اعلی تعلیم کے واسطے بطور ایک زینے کے کام دیں ورنیکل زبان کے ذریعے سے یوروپین علوم کو پڑھانا تعلیم کو برباد کرنا ہے۔" (حیات جاوید۔ صفحہ ۲۳۴)

سائنٹفک سوسائٹی غازی پور میں ۱۸۶۲ء میں اس خیال سے قائم کی گئی تھی کہ علوم جدیدہ کی اشاعت اور ان کی پسندیدگی کا ذریعہ یہ ہو سکتا ہے کہ انگریزی کی علمی اور تاریخی کتابوں کا ترجمہ اردو میں کیا جائے۔ اول اول اس کا مقصد یہ نہیں تھا کہ اعلی تعلیم کے لیے انگریزی کتابوں کا ترجمہ اردو میں کیا جائے۔ لیکن اگر سرسید اس تجربے سے مطمئن ہو جاتے تو شاید سائنٹفک سوسائٹی کا مقصد بدل کر اعلی تعلیم کے لیے انگریزی کتابوں کا اردو میں ترجمہ کرنا ہو جاتا۔ لیکن ۱۸۶۲ء میں شروع کیے گیے اس تجربے نے جس کے بعد علی

گڑھ کالج کا قیام بھی عمل میں آیا، انہیں اس کی بابت اپنے خیال بدل کر وہ کہنے پر مجبور کیا جس کا حوالہ اوپر دیا گیا ہے۔ آج آزاد ہندوستان میں بھی جب اس سلسلہ میں نہ کوئی جبر ہو رہا ہے، نہ حاکم وقت کی خوشنودی مطلوب ہے، اعلی تعلیم کی زبان انگریزی ہی ہے۔

سر سید اس خیال کے حامی تھے کہ علم کو تکمیل کی حد تک حاصل کرنا چاہیے۔ ان کی رائے میں، "قوائے عقلیہ کو چیزوں کے کامل طور پر سیکھنے سے بہ نسبت اس کے کہ بہت سی باتیں بالائی طور پر سیکھی جائیں زیادہ تر عمدہ طور پر تربیت ہوتی ہے۔" (حیات جاوید۔ صفحہ ۲۳۶) انہوں نے اس سلسلے میں ہندوستانی یونیورسٹی کی اس پالیسی پر تنقید کی جو اس نے لندن یونیورسٹی کی نامکمل تقلید کر کے ایک ایسا کورس وضع کیا جس کو پڑھ کر طلبا کسی مضمون کا کامل علم حاصل نہیں کر پاتے۔

سر سید چاہتے تھے کہ تعلیم کا اہتمام خود لوگوں کے ذمے ہونا چاہیے سرکار کے ذمے نہیں۔ اور تعلیم کو دست اندازی سرکار سے بھی علیحدہ ہونا چاہیے۔ لامحالہ ایسی تعلیم کا خرچ بھی لوگوں کو خود ہی اٹھانا چاہیے۔ ان کے انگریز سوانح نگار گراہم نے ان سے یہ قول منسوب کیا ہے کہ ایک زندہ قوم اپنی تعلیم کا انتظام خود کرتی ہے۔ لیکن انہیں اس بات کا اعتراف تھا کہ یورپین اور ہندوستانی مالدار لوگ تعلیم کا خرچ اٹھانے کے لیے ذہنی طور سے تیار نہیں تھے۔ لہذا ایسی کوششیں ناکامی کا شکار ہو جائیں گی۔

خود انہیں علی گڑھ کالج کو قائم کرنے اور اسے جاری رکھنے میں خاصی مشکلات سے دوچار ہونا پڑا تھا۔ مذاق لگتا ہے کہ ہر لحاظ سے بھاری بھر کم اس شخص نے ڈراموں کے ذریعہ کالج کے لیے رقم فراہم کی۔ دعوت کھانے کے بجائے اس کے خرچے کا تخمینہ لگوا کر رقم کالج فنڈ میں جمع کر لی۔

۱۸۵۴ء میں ووڈس ڈسپیچ میں سفارش کی گئی تھی کہ انگلستان کے انداز پر ہندوستان

میں بھی گرانٹ ان ایڈ سسٹم قائم کیا جائے تاکہ نجی تنظیمیں تعلیم کا انتظام سنبھالنے کی ذمہ داری لے لیں، اسکول قائم کریں، ان شرائط کو پورا کریں جو گرانٹ حاصل کرنے کے لیے اور تعلیم کو معیاری رکھنے کے لیے ضروری ہوں۔ سرکار ایسے اداروں کو ان کے سالانہ اخراجات کا بہت بڑا حصہ دیا کرے۔ اس سسٹم کا شروع شروع میں تو مشنری تنظیموں نے خوب فائدہ اٹھایا پھر دیسی تنظیموں نے بھی آگے بڑھنا شروع کیا۔ سرسید کا خیال اس سلسلے میں یہ تھا کہ مشنری اسکولوں کی موجودگی دوسری تنظیموں کو اپنے اسکول کھولنے میں رکاوٹ نہیں بننی چاہیے۔ دوسرے یہ کہ اچھا معیار قائم کرنے کے لیے یورپین ہیڈ ماسٹر کے علاوہ گریجویٹ اساتذہ اور عربی، فارسی، سنسکرت اساتذہ کا ہونا ضروری قرار دیا جائے۔ اسکول کا خرچہ طلبا کی تعداد پر نہیں، بہتر معیار کی بنا پر لگانا چاہیے۔ ان کی نظر میں "محدود لڑکوں کو ایک عمدہ تعلیم دینا اس سے بدرجہا بہتر ہے کہ بہت سے لڑکوں کو ناقص تعلیم دی جائے۔" (حیات جاوید، صفحہ ۲۳۸)

وہ غریب طلبا کو اسکالرشپ دینے کے حق میں تھے، اور یہ تسلیم کرنے کو تیار نہیں تھے کہ اسکالرشپ دے کر پڑھانا گویا تعلیم کے لیے رشوت دینا ہے لیکن وہ چاہتے تھے کہ اسکالرشپ پانے والے طلبہ کی تشہیر نہ ہوتا کہ ان کے ہم سبق ان کو حقارت کی نظر سے نہ دیکھیں۔۔ انہوں نے اس سلسلے میں انگلستان کا مقابلہ خود اپنے کالج سے کیا اور کہا کہ انگلستان میں نہ صرف ایسے طلبا کے نام سب کو معلوم ہو جاتے ہیں بلکہ انہیں "سیزر" کے لقب سے پکارا بھی جاتا ہے۔ جب کہ علی گڑھ میں اسکالرشپ پانے والے طلبہ اپنے ہم سبقوں میں اس حقارت آمیز رویے کا شکار نہیں ہوتے۔ لڑکیوں کی تعلیم کے بارے میں ان کے خیالات ذرا مختلف تھے۔ وہ اس زمانے کے نسواں اسکولوں کو شرفاء کی بیٹیوں کی تعلیم کے لیے موزوں نہیں سمجھتے تھے اور ان کا کہنا تھا کہ پہلے مردوں کی تعلیم مکمل ہو

جائے پھر تعلیم نسواں کے لیے سعی کی جائے۔ غالبا" تقسیم کار" کے اصول کے تحت وہ عورتوں کو امور خانہ داری کی ذمے داری کے لیے کافی سمجھتے تھے۔

✵ ✵ ✵

سرسید احمد خان اور خواتین کی تعلیم

ایمان سکینہ

سید احمد تقی بن سید محمد متقی انیسویں صدی کے برطانوی ہندوستان میں ایک اسلامی پسند مصلح قوم، فلسفی اور ماہر تعلیم تھے۔ وہ اگرچہ ہندو مسلم-اتحاد میں یقین رکھتے تھے، تاہم وہ دو قومی نظریے کے حامی تھے، بلکہ انہیں دو قومی نظریہ کا بانی سمجھا جاتا ہے کیوں کہ انہوں نے تحریک پاکستان کی بنیاد رکھی۔

سرسید احمد خان ایک ایسے خاندان میں پیدا ہوئے تھے، جن کے مغل دربار سے مضبوط تعلقات تھے، جہاں انہوں نے قرآن اور علوم جدیدہ یعنی سائنس کی تعلیم حاصل کی۔ ایڈنبو یونیورسٹی (University of Edinbu) سے انہوں نے اعزازی ایل ایل ڈی (LLD) کی ڈگری حاصل کی۔

سرسید احمد خان ۱۷ اکتوبر ۱۸۱۷ کو دہلی میں پیدا ہوئے۔ انہوں نے ۱۸۳۸ تک، ایسٹ انڈیا کمپنی (East India Company) کے تحت کام کیا اور ۱۸۶۷ میں ایک چھوٹی عدالت کے جج بھی بنائے گئے۔ وہ نہ صرف مسلمانوں کے لیے جدید تعلیم کے خواہاں تھے، بلکہ وہ صحافتی اور تاجرانہ طور پر بھی مسلمانوں کو منظم کرنا چاہتے تھے۔

وہ کہا کرتے تھے کہ دوسروں کو اسلام کا چہرہ نہ دکھاؤ بلکہ دوسروں کو اپنا چہرہ ایک سچے اسلام کے پیروکار کے طور پر دکھاو جو کردار، علم، رواداری اور تقویٰ کی نمائندگی کرتا

ہو۔ یہ بات کہی جا سکتی ہے کہ انہوں نے بے جا مذہبی سختی اور قدامت پسندی پر سوال اٹھائے تھے۔ بہت سے ماہرین اور علماء نے نشاندہی کی ہے کہ سید احمد خان کے اصلاحی و تعلیمی نظریے میں خواتین کے لیے کوئی شق شامل نہیں تھی۔

اس کے نتیجے میں یہ کوئی تعجب کی بات نہیں ہے کہ ان کے تعلیمی نظریہ پر 'مبنی بر مرد' مرکوز کا لیبل لگا دیا گیا۔

تاہم سرسید کی تعلیمی اصلاحات کے بارے میں کوئی نتیجہ اخذ کرنے سے پہلے اس ماحول کو سمجھنا ضروری ہے جس دور میں وہ .جی رہے تھے اور کام کیا کرتے تھے۔

اگرچہ سرسید کی حیات و خدمات پر بہت زیادہ تحقیق کی گئی ہے، تاہم مسلم خواتین کی تعلیم کے بارے میں ان کے خیالات پر بہت کم تحقیقی کام ہوئے ہیں۔ اس کی وجہ سے ایسا ہوا کہ سرسید احمد خان کو خواتین کی تعلیم کے مخالف کے طور پر پیش کیا گیا۔

ہندوستان جیسے نوآبادیاتی ملک میں ترقی اور خوشحالی کے لیے سید احمد خان نے انگریزی حکومت کی اصلاحات و تعلیمی تصورات کی پالیسی (trickle-down effect) پر نہ صرف یقین کیا بلکہ اسے یہاں کے لیے مفید قرار دیا۔

کسی بھی منصوبے یا پروگرام کو اس طرح نافذ کیا جانا چاہیے کہ وہ معاشرے کے اعلیٰ طبقات کو فائدہ پہنچائیں اور ان کی عمومی ترقی اور کامیابی کا باعث بنیں، اس ترقیاتی ماڈل کے مطابق جس کے فوائد بالآخر معاشرے کی نچلی تہوں تک بھی پہنچیں گے۔

اس کے نتیجے میں جب مسلم خواتین کو تعلیم دینے کی بات آئی تو سرسید احمد خان نے روایتی برطانوی افادیت پسندانہ ماڈل پر عمل کرنے کا انتخاب کیا۔

چونکہ تعلیم میں سرمایہ کاری کے لیے محدود وسائل تھے، اس لیے ان کا خیال تھا کہ اعلیٰ طبقے کے مسلمانوں کو ترجیح دی جائے۔

ان کا خیال تھا کہ جب اشرافیہ اپنی تعلیم مکمل کر لیں گے تو وہ فطری طور پر ان لوگوں کی مدد کریں گے جو تعلیمی اعتبار سے پس ماندہ ہیں۔ مزید بر آں سرسید احمد خان کے دور میں تعلیم کو بنیادی طور پر انتظامی یا سرکاری ملازمت تک رسائی حاصل کرنے کے ایک ذریعہ کے طور پر دیکھا جاتا تھا۔

چونکہ اس وقت خواتین شاذ و نادر ہی ملازمت کے لیے درخواست دہندگان ہوا کرتی تھیں یا اس طرح کی ملازمتوں میں دلچسپی رکھتی تھیں۔ اس لیے یہ فرض کر لیا گیا تھا کہ مردانہ تعلیم کو فوقیت دینی چاہیے۔

گھریلو اور خاندانی شعبوں میں اصلاحات انیسویں اور بیسویں صدیوں میں ہوئی ہیں۔ اس وقت ازدواجی زندگی کی اصلاحات میں برطانوی تصور وکٹورین مورالٹی (Victorian Morality) کو ترجیح دی گئی تھی۔

خواتین کو اب 'گھریلو فرشتے' کے طور پر سمجھا جاتا ہے، جو گھر کے تمام کاموں کی مناسب دیکھ بھال اور انتظام کے ساتھ ساتھ بچوں کی دیکھ بھال کی بھی ذمہ دار ہیں۔

مولانا اشرف علی تھانوی اور ڈپٹی نذیر احمد سمیت بہت سے مصلحین نے ہندوستانی ثقافت میں مسلمانوں کی طرف سے مطلوبہ اصلاحات پر توجہ مرکوز کرنا شروع کی۔ ان رہنماوں کی کوششوں اور ان کی تحریروں کی اشاعت نے گھریلو خواتین کی اہمیت پر زور دیا۔

سرسید احمد خان کے سیکولر اور سائنسی اداروں دراصل تعلیم کے تئیں ان کی طویل جدوجہد کی عکاسی کرتی ہیں۔ یہ بات کہی جاسکتی ہے کہ سرسید احمد خان خواتین کی تعلیم کے حق تھے۔

جیسا کہ مسلم پرسنل لاء سے متعلق ان کے خیالات سے سمجھا جاسکتا ہے، جہاں

انہوں نے طلاق اور خواتین کے حقوق جیسے مسائل پر دوسرے مسلم علما و ماہرین تعلیم سے شدید اختلاف کیا۔ اس کے علاوہ انہوں نے خواتین کے خلاف گھریلو زیادتی کی سخت مخالفت کی۔

سر سید نے ۱۸۶۳ میں سائنٹفک سوسائٹی کی بنیاد رکھی تا کہ نوجوانوں میں سائنسی ذہنیت پیدا کی جا سکے۔ خاص طور پر اس وقت کے مسلم نوجوان جن کے بارے میں خیال کیا جاتا تھا کہ وہ جدید سائنسی سرگرمیوں سے خود کو پیچھے رکھے ہوئے ہیں، جنہیں شمالی ہندوستان کے بیشتر علاقوں میں مذہب مخالف سمجھا جاتا ہے۔

سر سید احمد خان کی وفات کے محض دس برس بعد علی گڑھ میں لڑکیوں کی تعلیم کے اسکول قائم کیا گیا۔ یہ دراصل ان کے تعلیمی تصوارت و نظریات کے تئیں ان کے خواب کی تعبیر تھی۔

یہ بات کہی جا سکتی ہے کہ لڑکیوں کے لیے اسکول قائم کرنے والوں نے اس سلسلے میں سر سید احمد خان کو محرک مانا۔ جس نے ملک بھر میں خواتین کی تعلیم کے بارے میں ان کے خیالات کو تقویت اور استحکام بخشا۔

یہ کہنا مبالغہ نہیں ہے کہ سر سید احمد کا وژن اور ہندوستان میں خواتین کو تعلیم دینے کی کوششوں کی مثال علی گڑھ مسلم یونیورسٹی نے دی ہے۔

***

سر سید احمد خاں: تاریخ نویس سے تعلیمی میدان کے مرد مجاہد تک

شاہد صدیقی علیگ

سر سید احمد خاں کا شمار ہندوستان کی ان عظیم اور ممتاز شخصیتوں میں ہوتا ہے جن کا نام ان کے وقار، تمکنت، علم وادب میں سربلندی، سیاست وفراست اور مصلح قوم کی وجہ سے صفحۂ تاریخ پر ہمیشہ درخشاں ستارے کی مانند چمکتا رہے گا۔ جنہوں نے وقت کے ہاتھوں ایک تہذیب کو ابھرتے ہوئے دیکھا تو دوسری تہذیب کو مٹتے ہوئے دیکھا۔ تو وہ ایسے دور ابتلائمیں ہندوستانی نشاۃ ثانیہ کے امین بن کر سامنے آتے ہیں اور یکے بعد دیگرے تاریخی تصانیف سے سرسید کی شناخت میدانِ فن تاریخ کے ایک ابھرتے ہوئے مورخ کی ہونے لگتی ہے۔ لیکن اتفاقاً میرٹھ سے اٹھی ایک چنگاری جس نے پلک جھپکتے ہی شمالی ہند کے بیشتر حصوں کو اپنی آغوش میں لے لیا۔ اس نے سرسید کے دل ودماغ پر ایسے انقلاب آفریں اثرات مرتسم کیے جس نے سرسید کو تاریخ نویسی کے بجائے تعلیمی میدان کا سب سے بڑا مجاہد اور مفکر عظیم بنا کر چھوڑا۔

سرسید کی پیدائش ایک ایسے خاندان میں ہوئی جن کے قلعہ معلی سے قریبی روابط تھے۔ لہٰذا انہیں بھی وہاں کے شب روز کو قریب سے دیکھنے کا موقع ملا۔ سرسید احمد خاں کو آخری مغل بادشاہ بہادر شاہ ظفر نے عارف جنگ کے خطاب سے بھی نوازا تھا۔ روشن ضمیر اور نباض وقت سرسید احمد خاں نے جلد ہی اپنی فراست سے بھانپ لیا کہ عنقریب

مغلیہ شہنشاہیت کے سورج کو گرہن لگنا طے ہے۔ چنانچہ انہوں نے خاندانی وراثت یعنی جد امجد کی روش اختیار کرنے کے بجائے کمپنی کی ملازمت کو ترجیح دی۔

دوران ملازمت ایسٹ انڈیا کمپنی کو ایک ایسے سیلاب کا سامنا کرنا پڑا جس کی سرکش موجوں میں فرنگیوں کی کشتی ڈوبتے ڈوبتے بچی۔ سرسید احمد خاں اس طوفان یعنی پہلی جنگ آزادی ۱۸۵۷ء کے عینی شاہد ہیں۔ جب بھی انقلابِ میرٹھ کا تذکرہ ہو گا تو ان کی معرکتہ الآرا تصانیف کا ذکر بھی ضرور ہو گا۔ جنہوں نے اپنے نوک قلم سے "سرکشی بجنور، اسباب بغاوت ہند اور رسالہ خیر خواہ مسلمان" میں ایام غدر کے پر آشوب دور کی ایسی منظر کشی کی ہے کہ تمام پس منظر آنکھوں کے سامنے گھومنے لگتے ہیں اور سرسید کے فکری اور بنیادی افکار بھی عیاں ہو جاتے ہیں۔

جب انگریزوں کے خلاف ۱۰ ر مئی ۱۸۵۷ء کو دیسی سپاہیوں نے بغاوت کا علم بلند کیا تو سرسید بجنور میں صدر امین تھے۔ جنہیں اپنے علم و حکمت، شعور و آگہی اور بصیرت وبصارت سے اندازہ ہو گیا تھا کہ جذباتی وطن پرستوں کے فرسودہ ہتھیاروں اور جدید تکنیک سے آراستہ انگریزوں کے مابین مقابلے سے کچھ حاصل نہیں ہونے والا ہے۔ مثل مشہور ہے کہ چار دن کی چاندنی پھر اندھیری رات ہے چنانچہ انہوں نے مصالحت کی چادر تان کر پوری قوت ارادی سے صریحاً انگریز حکام کا ساتھ دیا۔ سرسید نے اپنی جان کی پرواہ کیے بغیر بجنور میں رونما ہونے والے تمام حالات کا سینہ سپر ہو کر مقابلہ کیا۔ پیش بین سرسید نے مجاہد آزادی نواب نجیب آباد محمود علی خاں کو ہر زاویے اور نقطہ نظر سے سمجھانے کی کوشش کی:

"خدا کی قسم نواب صاحب میں تمہاری خیر خواہی سے کہتا ہوں کہ تم اس ارادہ کو دل سے نکال دو، حکام انگریزی کی عملداری کبھی نہیں جائے گی اگر فرض کرو کہ تمام

ہندوستان سے انگریز چلے گئے تو بھی حکام انگریزی کے سوا کوئی عملداری ہندوستان میں نہ کر سکے گا اور میں نے کہا کہ تم اطاعت سرکار اپنے ہاتھ سے مت دو اگر بالفرض انگریز جاتے رہے جیسا کہ تمہارا خیال ہے تو تم نواب بنے بنائے ہو تمہاری نوابی کوئی نہیں چھینتا اور اگر میرا خیال سچ ہے تو تم خیر خواہ سرکار ہوگے تو سرکار کی طرف سے تمہاری ترقی اور بہت قدر ہووے گی۔"

لیکن وطن پرستی کے نشے سے سرشار غیور روہیلے سردار نواب محمود علی خاں سر سید احمد خاں کے مشورے کو خاطر میں نہ لائے، الٹے انہوں نے سر سید اور ان کے ساتھیوں پر گھیرا تنگ کر دیا۔ اپنوں کی کارستانیوں کے سبب جگہ جگہ انقلابی شعلے سرد پڑتے جارہے تھے۔ ۲۱/اپریل کو نگینہ کی معرکہ آرائی آخری لڑائی ثابت ہوئی اور ۲۳/اپریل ۱۸۵۸ء کو بجنور پر دوبارہ انگریزوں کا قبضہ ہو گیا۔ چنانچہ نواب محمود علی خاں کو انقلابیوں کے ساتھ مجبوراً شہر کو الوداع کہنا پڑا اور زندگی کے آخری ایام نیپال کے جنگلات میں بسر کرنے پڑے۔ انقلابیوں اور ایسٹ انڈیا کمپنی کے مابین تقریباً دو سال کی سخت مزاحمت کے بعد عنان حکومت ملکہ وکٹوریہ کے ہاتھوں میں آگئی۔ سر سید کے دل میں جو خدشات تھے اس کے نتائج سب کے سامنے تھے۔

سر سید نے جس جرأت مندی، بے باکی اور ہمت کے ساتھ ایام سرکشی میں انقلابیوں کا سامنا کیا۔ اس نے انگریزی حکام کو ان کا گرویدہ بنا دیا۔ ان کی سادگی، دیانت داری اور ایمانداری کے انگریز بڑے قائل ہوئے اور ان کے ہم خیال اور ہم نوا بنتے چلے گئے۔

اگرچہ ۱۸۵۷ء کی مہم کا آغاز ہندوستان کے ہر کس وناکس نے کیا تھا لیکن ان کے عتاب کے شکار بیشتر مسلمان ہوئے کیونکہ تحریک جدوجہد آزادی کی عنان مغلیہ خاندان کے آخری چشم وچراغ سراج الدین بہادر شاہ ظفر کے ہاتھوں میں تھی۔ جوش انتقام میں

انگریزوں نے عدل و انصاف کے مغائر مجاہدین کے ساتھ ساتھ نہتے شہریوں پر حیوانیت ، جبر و استبداد کے ایسے پہاڑ توڑے کہ ہلاکو ، چنگیز اور نادر شاہ کی روحیں بھی کانپ اٹھیں۔ رعایا تباہ و برباد ہوئی اسے ناکردہ گناہوں کی سزا بھگتنی پڑی۔ تختہ دار پر چڑھائے جانے والے ستائیس ہزار افراد میں سے بیشتر بے گناہوں کو شبہ خفیف میں سولی پر لٹکا دیا گیا۔ کہا جاتا ہے کہ دلی سے لے کر لاہور تک کوئی درخت ایسا نہیں تھا جس پر کسی سفید ریش کی لاش نہ جھول رہی ہو۔ مسلمانوں کے لیے انگریزی ملازمت کے دروازے بند کر دیے گئے۔ انگریزوں کی بر بریت حیوانت اور شقاوت نے سرسید جیسی درد مند شخصیت کو جھنجوڑ کر رکھ دیا۔ لیکن حالات سے فراری سرسید کی سرشت میں نہ تھی چنانچہ انہوں نے پوری شدت سے ان کا سامنا کرنے کے لیے کمر کس لی۔

سرسید احمد خاں نے سب سے پہلے مسلمانوں کے تئیں انگریزوں کی غلط فہمی کا ازالہ کرنے کا بیڑا اٹھایا۔ جس کے لیے انہوں نے بڑی حق گوئی، بے باکی اور راست بازی سے اسباب بغاوت ہند لکھی۔ انگلستان میں بیٹھے ہندوستانیوں کے مقدر کا فیصلہ کرنے والوں کو حقائق سے روشناس کرایا۔ سرسید نے اس تصنیف میں جس عزم اور حوصلہ کے ساتھ آنکھوں میں آنکھیں ڈال کر انگریزوں سے بات کہنے کا طریقہ اختیار کیا، اسے دیکھ کر ان کے حامی بھی خوف زدہ ہو گئے۔

"میرٹھ میں سپاہ کو بہت سخت سزا دی گئی جس کو ہر ایک عقل مند بہت برا اور ناپسند جانتا ہے، اس سزا کا رنج جو کچھ فوج کے دل پر گزرا بیان سے باہر ہے۔ جہاں جہاں فوج میں یہ خبر پہنچی تمام فوج زیادہ تر رنجیدہ ہوئی میرٹھ کی فوج سے جو حرکت ہوئی تھی اس سے تمام ہندوستانی فوج نے جان لیا تھا کہ اب سرکار کو ہندوستانی فوج کا اعتبار نہ رہا۔ سرکار وقت پا کر سب کو سزا دے گی اور اس سبب سے تمام فوج کو اپنے افسروں کے فعل اور قول کا

اعتبار اور اعتماد نہ تھا۔"

سر سید احمد خاں نے جس دور میں مذکورہ باتیں رقم کر کے انگریزوں کو آئینہ دکھایا تھا۔ اسے لکھنے کے لیے بھی ایک کلیجہ چاہیے۔ آج اس کا قیاس کرنا بھی مشکل ہے۔ بقول اکبر الہ بادہ 'اکبر نام لیتا ہے خدا کا اس زمانے میں۔ کیونکہ انگریزی عمل داری کے خلاف لب ہلانے کی سزا تختہ دار سے کم نہ تھی لیکن حقیقت پسندی سر سید جیسی مرد آہن شخصیت کا حصہ رہی ہے۔ لہٰذا جس نے اپنا ہر سانس بے یار و مددگار قوم کے نام کر دیا وہ اس کے لیے ہر سزا بھگتنے کو تیار تھے۔ ان کی باتوں کو انگلستان میں سنجیدگی و متانت سے سنا گیا۔ لیکن انگریزوں کے دلوں میں مسلمانوں کے تئیں شک و شبہات پوری طرح رفع نہ ہو سکے۔ فرنگی انہیں اپنا دشمن نمبر اول گردانتے تھے تو سر سید نے پھر قلم اٹھایا اور رسالہ خیر خواہ مسلمان لکھ کر انگریز حکام کے ہاتھوں میں پہنچایا۔ جس کے مطالعے نے آہستہ آہستہ برطانوی حکام کو اپنی پالیسی پر نظر ثانی کرنے کے لیے مجبور کیا۔ یہاں یہ بات قابل ذکر ہے کہ سر سید نے جہاں بے لوث ابنائے وطن کے لیے درشت الفاظ اور سخت لہجہ اختیار کیا وہیں اجنبی سفید فام لوگوں کے لیے نرمی کا اظہار کیا۔

لیکن سر سید موقع پرست اور ابن الوقت نہیں تھے بلکہ وہ ایک باضمیر اور صاحب کردار انسان تھے۔ جنھوں نے اپنی قوم کی حالت زار کے مستقبل کو دیکھ کر فیصلہ لیا تھا لہٰذا ان کے کمٹ منٹ پر انگلی اٹھانا بھی سورج کو چراغ دکھانے کے مترادف ہو گا۔ یہی وجہ ہے کہ طوفان گزرنے کے بعد دوسرے برطانوی بہی خواہوں کی طرح سر سید کو بھی حکام نے حسن خدمات غدر کے صلے میں انعام دینے کی کوشش کی تو انہوں نے واضح الفاظ میں انکار کر دیا۔ حیات جاوید میں حالی لکھتے ہیں کہ:

"مسٹر شکسپیر رپورٹ کرنی چاہتے تھے کہ منجملہ تعلقۂ چاند پور کے ایک معقول

جائداد سید احمد خاں کو بعوض خدمات ایام غدر کے ملنی چاہیے مگر جب انہوں نے سر سید سے اس بات میں استمزاج لیا تو انہوں نے اس کے لینے سے انکار کیا اور کہا کہ میرا ارادہ ہندوستان میں رہنے کا نہیں ہے۔"

لہٰذا مذکورہ واقع سے یہ بات صادق ہوتی ہے کہ سر سید احمد خاں نے اس قیامت کی گھڑی میں فرنگیوں کی خدمت کسی حرص و طمع کے لیے نہیں کی تھی بلکہ اپنی مردم شناسی اور اعلیٰ فراست سے تقاضائے وقت کے تحت کی تھی۔ یہی وجہ تھی کہ انہوں نے کبھی بھی انگریزی نوازی کا ذاتی طور پر فائدہ نہیں اٹھایا بلکہ ان کی ہمیشہ مالی حالت خراب رہی۔ یہاں تک کہ جب وہ اپنے فرزند سید محمود کو اعلیٰ تعلیم دلانے کی غرض سے انگلینڈ لے گئے تو "اپنی کتابیں اونے پونے بیچ کر اور اپنی کوٹھی پر روپیہ قرض لے کر سرمایہ فراہم کیا۔"

انقلاب ۱۸۵۷ء کی تصانیف کے مشاہدے سے سر سید کی شبیہ ایک بے باک ، حقیقت پسند اور حق گو کی شکل میں منظر عام پر آتی ہے جو بڑی سادگی سے بغاوت کی ساری ذمہ داری ضدی انگریز حکام کے کاندھوں پر ڈال دیتے ہیں اور بڑی خاموشی سے ناامیدی و یاس کے غار میں ڈوبی ہوئی قوم کو نکالنے کے لیے مختلف تدابیر اختیار کرتے ہیں جس میں سب سے اہم تدبیر تعلیمی میدان کا انتخاب ہے اور اس کے لیے سر سید احمد خاں آخری سانس تک کوشاں رہے۔ جس کے نتیجے میں ان کے خوابوں کی تعبیر علی گڈھ مسلم یونیورسٹی آج علم و ادب کا ایسا سر چشمہ ہے جس سے نہ صرف ہندوستان بلکہ پورا عالم گزشتہ ایک صدی کے زائد عرصہ سے سر سبز ہو رہا ہے۔

***

سر سید احمد خاں کا جدید تصور تعلیم و اصلاح ہندستانی تہذیب و معاشرہ

ڈاکٹر صالحہ صدیقی

سر سید احمد خاں کثیر الجہات شخصیت کے مالک تھے، جنھوں نے اپنے افکار و نظریات، اپنی علمیت، اپنی فراست، اپنی محنت و لگن اور اپنی اولوالعزمی سے اپنی شخصی جاذبیت سے، اپنے مشاہدات و تجربات سے مسلمانوں کو ایک نیا افکار و نظریات عطا کیا۔ برسوں سے گمراہی و لاعلمی کی زندگی گزار رہے مسلمانوں کی سوچ کی دھارا انھوں ننے موڑ کر رکھ دی۔ اس طرح مسلمانوں کو خواب غفلت سے بیدار کرا نھیں حقیقت سے روشناس کرانے انھیں جدید تعلیم سے واقف کرانے کے لیے عملی کوششیں کرنے والوں میں سر سید احمد خاں کو ممتاز حیثیت حاصل ہیں۔ جنھوں نے اپنے رفقاء کے ساتھ مل کر مسلمانوں کی اصلاح، فلاح و بہبود اور شعور کی بیداری کا بیڑا اٹھایا۔ مایوس و یاس و گمراہ میں بھٹکنے والے مسلمانوں میں ایک نیا جوش و ولولہ پیدا کیا۔ ان کی لافانی خدمات آج تک ترو تازہ ہے انھوں نے سماج کے ان بنیادی مسائل کو اپنا مقصد حیات چنا جس کا برسوں سے ہندوستان شکار رہا ہے یہی وجہ ہے کہ ان کے بعد نہ جانے کتنی تحریکیں آئی اور گئی لیکن ایک عرصہ گزر جانے کے باوجود بھی سر سید کی تحریک پرانی نہیں ہوئی بلکہ آج اکیسویں صدی کے حالات پر بھی صادق آتی ہے۔

جن کو مٹا سکے نہ کوئی دور انقلاب — کچھ ایسے نقش بھی تو بناتے ہوئے چلو

سرسید کی بے لوث خدمات سے ان کے افکار و نظریات سے جہاں ایک طرف مسلمان طبقہ مستفید ہو رہا تھا، ان کی زندگی میں ایک نیا آفتاب طلوع ہو رہا تھا، سرسید کی خدمات کا اعتراف اور حمایت کرنے والوں کا ایک بڑا حلقہ تھا تو دوسری طرف یہ بھی سچ ہے کہ ان کی شخصیت متنازعہ فیہ بھی رہی مذہبی عقائد کے نقطۂ نظر سے علمائے وقت نے انھیں کافر و ملحد کی صف میں کھڑا کیا تو دوسری طرف روشن خیال طبقے نے انھیں "مجتہد العصر" اور "امام زمانہ" کے نام سے یاد کیا۔ سرسید کے تعلیمی افکار کو جہاں دقیانوسی طبقے نے انھیں اسلام کش اور انگریزوں کا ہمنوا قرار دیا تو دوسری طرف ماہرین علم و فن اور دانشوروں نے انھیں زمانہ شناس، دور اندیش کے خطاب سے نوازا۔ سیاسی میدان میں جہاں انھیں ابن الوقت کہا تو دوسری طرف سیاسی دانشوران نے ان کی ذہانت و متانت ان کی دور بینی کے سبب انھیں مصلح قوم کے نام سے یاد کیا۔ ان تمام باتوں کے باوجود اہل علم و نقد و نظر حتیٰ کہ ان کے مخالفین بھی فکری و نظریاتی اختلاف کے باوجود اس بات پر متفق نظر آتے ہے کہ سرسید احمد خاں کی شخصیت ایک سماجی، سیاسی، تمدنی، ثقافتی اور تہذیبی ادارے اور انجمن کی سی ہے جس نے مسلمانوں کی زندگی اور ان کی زندگی سے متعلق مختلف گوشوں کے رخ موڑنے، اس میں نئے امکانات روشن کرنے، زمانے کے ساتھ قدم سے قدم ملا کر چلنے میں اپنی ذات سے بلند تر ہو کر مسلسل کوشش کرنے کی طرح ڈالی۔ آج مسلمانوں کی جو ترقی پسندانہ سوچ ہے ان میں جو بھی جدید تبدیلیاں، جو فکر و تحریک نظر آرہی ہے اس کی بنیاد برسوں پہلے سرسید احمد خاں نے ہی رکھی تھی، سرسید نے جو بیج برسوں پہلے بویا تھا آج تناور درخت کے مانند ہم سب کے سامنے ہے۔ سرسید کو بہت پہلے ہی یہ احساس ہو گیا تھا کہ اگر مسلمان نہیں سنبھلے اور وقت کے ساتھ آگے نہیں بڑھے تو ان کو تباہ و برباد ہونے سے کوئی نہیں روک سکتا۔ شاید اسی لیے اقبال نے

بھی کہا تھا کہ:

سر سید احمد خاں نے علم حاصل کرنے پر سب سے زیادہ زور دیا، خصوصاً جدید تعلیم کو اولیت دیں۔ جس کے لیے انھوں نے شعر و ادب کو نئے زاویے سے پیش کیا۔ ۱۸۵۷ء کا انقلاب کئی معنوں میں ہندوستان کی تاریخ میں اہمیت کا حامل ہے۔ یہ وہ اہم موڑ ہے جس نے قوم و ملت کے لیے فکر مند افراد کو غور و فکر کرنے پر مجبور کر دیا۔ سیاسی نظام کی تبدیلی نے بدلتے حالات کے بدلتے تقاضوں بدلتی قدروں کا احساس دلایا۔ مسلمانوں کی زبوں حالی اور ان کے معاشرے کی بدحالی کا ان میں پنپ رہی خامیوں کا احساس نہ ہونے کے باعث حالات بد سے بدتر ہوتے جا رہے تھے۔ جس کی ایک اہم وجہ یہ بھی تھی کہ سیاسی زوال کے باعث مسلمان اپنا وقار کھو رہے تھے۔ حکومت، عہدے، جاگیر، منصب، جو ان کے معاشی برتری اور اقتصادی خوش حالی کا اہم ذریعہ تھی سب کچھ ان سے چھن چکا تھا۔ فاتح قوم مسلمانوں کو شک کی نگاہوں سے دیکھنے لگے کہ کہیں یہ اپنا وقار واپس حاصل کرنے کے لیے دوبارانہ اٹھ کھڑے ہو اس لیے انھوں نے ۱۸۵۷ کے ہنگامے کا سارا ذمہ مسلمانوں کے سر پر ڈال دیا۔ جس کی وجہ سے مسلمانوں کو اس اذیت سے گزرنا پڑا جس کا اثر آج تک کہیں نہ کہیں موجود ہے۔ یہ مسلمانوں کی لیے ایک لمحۂ فکریہ تھا۔ جس نے فکر مند افراد کو جھنجھوڑ کر رکھ دیا، ان میں ایک اہم نام سر سید احمد خاں کا بھی ہے۔ جو اس طبقے کے سربراہ تھے۔ انھوں نے اپنی پوری زندگی مسلمانوں کی فلاح و بہبود اور ان کی اصلاح کے لیے وقف کر دی۔ اخبار، سائنٹفک سوسائٹی کے اداریوں اور تہذیب الاخلاق کے مضامین سے پتہ چلتا ہے کہ سر سید ایک ماہر نباض کی طرح مسلمانوں کی دکھتی رگوں کو پہچان گئے تھے وہ لکھتے ہیں کہ:

"اس ملک میں ہماری قوم کا حال نہایت ابتر ہے اگر ہماری قوم میں صرف جہالت ہی

ہوتی تو چنداں مشکل نہ تھی۔ مشکل تو یہ ہے کہ قوم کی قوم جہل مرکب میں مبتلا ہے۔

علوم جن کا رواج ہماری قوم میں تھا، یا ہے اور جس کے تکبر و غرور سے ہر ایک پھولا ہوا ہے دین و دنیا میں بکار آمد نہیں۔ علم ادب و انشاء کی خوبی صرف لفظوں کے جمع کرنے اور ہم وزن کلموں تک ملانے اور دوراز کار خیالات بیان کرنے اور مبالغہ آمیز باتوں کے لکھنے پر منحصر ہے۔ فن شاعری جیسا ہمارے زمانے میں خراب اور ناقص ہے اس سے زیادہ کوئی چیز بری نہ ہو گی۔ علم دین تو وہ خراب ہوا ہے کہ جس کی کوئی حد نہیں۔ اس معصوم ،سیدھے سادے ،سچے اور نیک طبیعت والے پیغمبرؐ نے جو خدا کے احکام بہت سادگی ،صفائی اور بے تکلفی سے جاہل، ان پڑھ اور بادیہ نشین عرب کی قوم کو پہنچائے تھے ااس میں وہ نکتہ چینیاں اور باریکیاں پیدا کیں اور وہ مسائل فلسفہ اور دلائل منطقہ ملائی گئی کہ اس میں اس سچائی، صفائی اور سادگی کا مطلق اثر نہیں رہا۔ مجبوری لوگوں کو اصلی احکام کو جو قرآن اور متعمد حدیثوں میں تھے چھوڑنا پڑا، اور زید و عمرو کے بنائے ہوئے اصول کی پیروی کرنی پڑی۔ علم مجلس اور اخلاق اور برتاؤ دوستی کا ایک طریقہ پر پڑ گیا ہے جو نفاق سے بھی بدتر ہے۔ امیروں کا حال دیکھوں تو ان کو دن رات بٹیر لڑانے ،مرغ لڑانے ،کبوتر اڑانے اور اس طرح تمام لغویات میں زندگی بسر کرنے کے سوا اور کچھ کام نہیں تھا اور مذہبی طبقہ کا یہ حال کہ کینہ و نخوت اور اپنے تقدس و بزرگی اور خدا پرست ہونے کا گھمنڈ مقدس لوگوں میں کوٹ کوٹ کر بھرا پاؤ گے ،اور اگر دنیا میں شیطان کو ڈھونڈتے پھرو تو بجز مقدسین کے جبہ و دستار مبارک کے اور کہیں پتہ نہ ملے گا۔" (بحوالہ :ملک فضل الدین (مرتب) سر سید کے مضامین تہذیب الاخلاق (لاہور، ۱۳۲۳ھ)، ص ۴۵۱)

۱۸۵۷ء میں ہندوستان میں ہر جگہ انگریزی تعلیم ترقی کر چکی تھی ،لیکن جیسا کہ الفریڈ کرافٹ کی تعلیمی رپورٹ سے معلوم ہوتا ہے کہ مسلمانوں کی حالت تعلیمی اعتبار

سے انتہائی پسماندہ تھی، پورے ملک میں مسلمان گریجویٹ کی تعداد بیس (۲۰) تھی جن میں سترہ (۱۷) بی۔اے اور تین (۳) ایم۔اے تھے۔ لیکن اس کے باوجود بھی مسلمانوں کو اپنی پسماندگی کا احساس نہیں تھا جیسا کہ درج بالا اقتباس کے مطالعہ سے واضح ہوتا ہے کہ مسلمان طبقہ غفلت و گمراہی کے اندھیروں میں پوری طرح غرق تھا۔ وہ اپنے قدیم علوم پر فخر کیا کرتے تھے، جدید علوم کی ناواقفیت سے وہ بے روزگاری اور افلاس میں مبتلا ہو چکے تھے پھر بھی انھیں اس کا احساس نہیں تھا، سر سید اس سلسلے میں لکھتے ہیں کہ:

"جو علوم مسلمانوں میں مروج ہے وہ بلا شبہ غیر مفید ہے اور حسب احتیاج وقت نہیں ہے اور یہی باعث ان کی مفلسی کا اصل سبب جہل ہے اور غیر مفید علوم کا عالم اور جاہل دونوں برابر ہیں اس لیے ان سے نہ لوگوں کو کچھ فائدہ پہنچا ہے اور نہ وہ خود کچھ اپنا بھلا کر سکتے ہیں جو تعلیم کہ حسب احتیاج وقت لوگوں کی تعلیم و تربیت نہ ہو تو اس کا نتیجہ یہ ہوتا ہے کہ لوگ اول مفلس اور محتاج اور پھر نالائق اور کاہل اور پھر ذلیل و خوار اور پھر چور و بدمعاش ہو جاتے ہیں۔" (بحوالہ : سر راس مسعود (مرتب) خطوط سر سید ، بدایوں ۱۹۲۲، ص ۳۹) سر سید کے نزدیک معاشرتی اصلاح کے لیے تعلیم یافتہ ہونا انتہائی اہم ہے، یہی وجہ تھی کہ سر سید فکر مند رہتے تھے کہ مسلمان تعلیم کی اہمیت کو سمجھے اور اس کی ضرورت کو محسوس کرتے ہوئے اپنے بچوں کو تعلیم دے۔، انھوں نے اسی بیداری کو لانے کے لیے رسالہ تہذیب الاخلاق میں متعدد مضامین بھی لکھے ۲۶ مئی ۱۸۷۳ کو پٹنہ میں تقریر کرتے ہوئے سر سید نے کہا: " جس وقت اولاد کی تربیت کا ذکر آتا ہے

تو رئیسوں اور دولتمندوں کے دل میں یہ خیال پیدا ہوتا ہے کہ ہم اپنی اولاد کی تعلیم خاص اپنے اہتمام سے اور ہر ایک علم کے عالم نوکر رکھ کر بخوبی کر سکتے ہیں۔ بعضوں کے دل میں یہ خیال پیداا ہوتا ہے کہ ہم کو اپنی ہی اولاد کی تعلیم و تربیت کرنی کافی ہے مگر

یہ ایک بڑی غلطی ہے اور خود اپنی اولاد کے ساتھ دشمنی کرنے ہے۔ جہالت اور ناتربیتی و باکی مانند ہوتی ہے جب تک تمام شہر اس بدہوا سے پاک نہ ہو کوئی ایک گھر اپنے تئیں اس سے بچ نہیں سکتا۔" (بحوالہ: ملک فضل الدین (مرتب) سر سید کے مضامین تہذیب الاخلاق (لاہور، ۱۳۲۳ھ)، ص ۴۲۹)

مسلمانوں کی زبوں حالی کا واحد سبب جو سر سید نے محسوس کیا وہ تھا جدید تعلیم سے بے بہرہ ہونا۔ سر سید نے تعلیم خصوصا جدید تعلیم کو اولیت دی۔ ان کے نزدیک جدید تعلیم ہی وہ واحد راستہ ہیں جس کے ذریعہ مسلمان قوم ترقی کی راہ پر گامزن ہو سکتی ہیں اگر ہم اس عہد کے تعلیمی نظام پر نظر ڈالیں تو پاتے ہے کہ مسلم عہد حکومت میں تعلیم کا ایک مخصوص نظام تھا ابتدائی تعلیم مکتبوں میں دی جاتی تھی

جب کہ اعلیٰ تعلیم کے لیے مدارس تھے، اور یہ مدارس و مکاتب مسجدوں میں قائم ہوتے تھے جہاں صرف دینی تعلیم ہی دی جاتی تھی۔ لیکن ایسٹ انڈیا کمپنی کے قائم ہونے کے بعد ایک نیا انقلاب برپا ہوا۔ لیکن جدید تعلیم کی واقفیت سے مسلمان اس وقت بھڑکتے تھے۔ ایسے حالات میں سر سید کا مقصد تعلیم تھا کہ تعلیم یافتہ طبقہ ہر اعتبار سے قوم کے لیے مفید ہو اور ایک ایسے ترقی پذیر معاشرے کی تعمیر میں اپنا فرض انجام دے سکے۔ انھوں نے اس سلسلے میں اپنا نظریہ یوں بیان کیا:

"میں اپنی قوم میں ہزاروں نیکیاں دیکھتا ہوں پر ناشائستہ۔ ان میں نہایت دلیری اور جرأت پاتا ہوں پر خوفناک۔ ان میں نہایت قوی استدلال دیکھتا ہوں پر بے ڈھنگا، ان کو نہایت دانا اور عقلمند پاتا ہوں پر اکثر مکر و فریب اور زور سے ملے ہوئے۔ ان میں صبر و قناعت بھی اعلا درجہ کی ہے مگر غیر مفید اور بے موقع پس میرا دل جلتا ہے اور میں خیال کرتا ہوں کہ اگر یہی ان کی عمدہ صفتیں عمدہ تعلیم و تربیت سے آراستہ ہو جائیں تو دین اور

دنیا دونوں کے لیے کیسی کچھ مفید ہوں۔"

(بحوالہ: مجلہ تہذیب الاخلاق، علی گڑھ، جلد سوم، یکم شوال ۱۲۸۹ھ، ص ۱۷۴)

سر سید اس بات سے بھی بخوبی واقف تھے کہ صرف چند کتابوں کا مطالعہ کر لینے سے یا سبق رٹ لینے کو تعلیم نہیں کہتے۔ ان نزدیک یہ اہم تھا کہ بچے کو ایسا ماحول ملنا چاہیے جہاں اس میں اچھی عادتیں پیدا ہو، سر سید کی اس سوچ کے پیچھے بھی وجہ یہ تھی کہ انھوں نے آکسفورڈ اور کیمبرج یونیورسٹی میں جو نظام تعلیم دیکھا تھا اس سے وہ کافی متاثر تھے ،اسی لیے انھوں نے ماحول ملنے کی بات پر اہمیت دی وہ ایک جگہ یوں رقم طراز ہیں کہ:

"یہ جدا جدا دو چیزیں ہیں جو کچھ انسان میں ہے اس کو باہر نکالنا انسان کو تعلیم دینا ہے اور اس کو کسی کام کے لائق کرنا اس کا تربیت کرنا ہے جو قوتیں کہ خدا تعالیٰ نے انسان میں رکھی ہیں ان کو تحریک دینا اور شگفتہ و شاداب کرنا انسان کی تعلیم ہے اور اس کو کسی بات کا مخزن اور مرکز بنانا اس کی تربیت ہے۔ انسان کو و تعلیم دینا دراصل کسی چیز کا باہر سے اس میں ڈالنا نہیں ہے بلکہ اس کے دل کے سوتوں کو کھولنا اور اندر کے سرچشمہ کے پانی کو باہر نکالنا ہے جو صرف اندرونی قویٰ کو حرکت میں لانے اور شگفتہ و شاداب کرنے سے نکلتا ہے، اور جو انسان کی تربیت کرنا اس کے لیے سامان کو مہیا کرنا اور اس سے کام لینا ہے جیسے کہ حوض بنانے کے بعد اس میں پانی کا بھرنا۔"

(بحوالہ: ملک فضل الدین "مرتب" سر سید کے مضامین تہذیب الاخلاق ۱۳۲۳ھ ،لاہور، ص ۵۶)

سر سید کے نزدیک تعلیم کا بنیادی مقصد ایک بہتر انسان بنانا بھی ہے، لیکن ساتھ ہی وہ یہ بھی چاہتے تھے کہ بچہ اس قابل ہو جائے کہ وہ معاشی مضبوط ہو تا کہ وہ ایک بہتر زندگی بسر کر سکے۔ اس لیے ان کا خیال تھا کہ بچہ یا طالب علم اس لائق بنے کہ وہ یہ فیصلہ

خود لے سکیں کہ مجھے زندگی میں کیا بننا ہے، اس مسئلہ کے سلسلے میں وہ رقم طراز ہیں کہ:

"تمام سویلائزڈ ملکوں میں ایک عام رواج ہے کہ جب بچہ تعلیم پانے کی عمر کو پہنچتا ہے تو اس کے مربی اس امر کا فیصلہ کرتے ہیں اور اس فیصلہ کے مطابق اس کی تعلیم و تربیت کا بندوبست کرتے ہے۔ ایک طالب علم جو ابتدائی تعلیم شروع کرتا ہے جب تک وہ اس کا فیصلہ نہ کرے کہ میں کیا ہوں گا اور کیا کروں گا اس وقت تک اس کو تعلیم میں کبھی کامیابی نہیں ہوتی۔"

(بحوالہ: ملک فضل الدین "مرتب" سرسید کے مضامین تہذیب الاخلاق ۱۳۲۳ھ، لاہور، ص ۴۶۰)

جہاں سرسید جدید تعلیم کو اہم مانتے تھے وہی وہ مذہبی تعلیم کو بھی اہم مانتے تھے۔ سرسید اس سلسلے میں مغربی مفکرین سے متفق نہیں تھے، کیونکہ انگریز مذہبی تعلیم کو باہمی اختلاف کا ذریعہ تصور کرتے ہیں مگر وہ جانتے تھے کہ ہندو ہو یا مسلمان، سکھ ہو یا عیسائی وہ ایسے نظام تعلیم کو قبول کرنے کو ہرگز تیار نہ تھے جو مذہب سے بے نیاز ہو، اس لیے سرسید ہندوستانی طالب علموں کے سلسلے میں یہ سوچتے تھے کہ ان کو جدید علوم و فنون کی تعلیم کے ساتھ ساتھ مذہبی تعلیم بھی دی جائے، سرسید مذہبی تعلیم میں روایتی قسم کے مذہبی تعلیم کو کافی نہیں سمجھتے تھے ان کے نزدیک روایتی مذہبی تعلیم میں بھی بعض اصطلاحات ضروری ہیں، چنانچہ اس سلسلے میں ایک مقام پر یوں رقم طراز ہیں کہ:

"سب سے بڑی ضرورت اس بات کی ہے کہ اول فہمیدہ فہمیدہ، ذی علم اور ذی عقل لوگ جمع ہوں اور بعد بحث و گفتگو کے یہ بات قرار دیں کہ اب سلسلۂ تعلیم بہ نظر حالات زمانہ اور بہ لحاظِ علوم و فنون جدید کے کس پر قائم ہونا چاہیے اور ہماری پرانی اور دقیانوسی تعلیم کے سلسلے میں کیا کیا تبدیلی کرنی چاہیے اور ہمارا سلسلہ تعلیم کا بہ لحاظ مقاصد

مذہبی ک طرح پر قائم ہو۔"

(بحوالہ: ملک فضل الدین، "مرتب" سر سید کے مضامین تہذیب الاخلاق ۱۳۲۳ھ ،لاہور، ص۱۴۸)

سر سید کا مذہبی تعلیم کے سلسلے میں یہ بھی خیال تھا کہ مذہبی تعلیم کا بار حکومت پر ڈالنا مناسب نہیں، اس لیے ان کی رائے تھی کہ اہل ہند اپنی مذہبی تعلیم کا انتظام خود کریں ،اس سلسلے میں اپنے خیال کا اظہار کرتے ہوئے امرتسر کی ایک طویل تقریر میں انھوں نے کہا تھا جس کا لب ولباب یہ تھا کہ:

"گورمنٹ ہر فرقہ کی مذہبی تعلیم کے قضیہ میں نہیں پڑ سکتی وہ عام تعلیم کی پالیسی اختیار کرے گی۔ مسلمان مذہبی تعلیم دینا لازمی تصور کرتے ہیں اور ان کا فرض ہیں کہ وہ خود مذہبی تعلیم کا انتظام کریں۔ جب تک تمہارے جسم میں جان ہے تم مذہبی تعلیم کو ہرگز نہ چھوڑو۔ گورمنٹ ہماری مدد کر سکتی ہے لیکن ہماری یہ غرض خود متوجہ ہوئے بغیر پوری نہیں ہو سکتی جب تک ہم اپنے بچوں کی تعلیم اپنے ہاتھ میں نہ لیں ہم ان کو دونوں طرح کی تعلیم نہیں دلا سکتے۔"

(بحوالہ : سید اقبال علی ،(مرتب) سفر نامۂ پنجاب (سید احمد خاں)، علی گڑھ ۱۸۸۴، ص ۱۳-۱۴)

اس طرح سر سید نے علی گڑھ تحریک کے ذریعہ جو سلسلہ شروع کیا اس سے پورے ہندوستان میں ایک نیا انقلاب آیا۔ ایک وقت ایسا بھی آیا جب ان کے مخالفین بھی ان کی خدمات کا اعتراف کرنے کے لیے مجبور ہو گئے۔ سر سید کے کارناموں کو دیکھ یہ بار بار ذہن میں گردش کرنے لگتا ہے کہ:

میں اکیلا ہی چلا تھا جانب منزل مگر

لوگ ساتھ آتے گئے اور کارواں بنتا گیا

سر سید کو جتنی اہمیت جدید تعلیم کی تھی اتنی ہی محبت اپنی تہذیب و تمدن اور اپنی وراثت سے بھی تھی۔ اس سلسلے میں ڈاکٹر خلیق انجم رقم طراز ہیں کہ:

"سر سید کی بیشتر کتابیں پڑھ کر اندازہ ہوتا ہے کہ انھیں اپنے ماضی سے زبردست عشق تھا لیکن چونکہ وہ برطانوی حکومت کے ملازم رہے تھے اور انہیں انگریزوں سے قریب رہنے کا اتفاق ہوا تھا یہی نہیں بلکہ انھوں نے لندن کا سفر بھی کیا تھا اس لئے ان کی دور رس نگاہوں نے دیکھ لیا تھا کہ اگر مسلمان جدید تعلیم حاصل نہیں کریں گے تو وہ تعلیمی اور سماجی اعتبار سے ہندوستان کے دوسرے مذہبی گروہوں کے مقابلے میں پسماندہ رہ جائیں گے۔ اس لئے سر سید نے ایک طرف تو مصلح قوم کا رول ادا کرنا شرع کیا اور دوسری طرف مسلمانوں کو جدید تعلیم کی برکتوں سے واقف کرایا۔"

(بحوالہ: علی گڑھ تحریک، مظہر حسین، ص، ۱۲)

زندہ رہنا ہے تو پھر خود کو مٹانا سیکھو

گھٹ کے مرتے ہیں صدا جان بچانے والے

بہر حال سر سید کے طویل کارناموں اور ان کی تعبیرات کو چند صفحات میں سمیٹنا ممکن نہیں۔ سر سید احمد خاں نے جس بات پر سب سے زیادہ زور دیا وہ یہی تھی کہ اگر کسی چیز میں مسلمانوں کی بقاء و سلامتی پوشیدہ ہے تو وہ صرف نوجوانوں کو جدید تعلیم سے آراستہ کرنے میں ہے جس کا انھوں نے عملی نمونہ بھی پیش کیا۔ سر سید کا مسلمانوں کے لیے کی گئی طویل جدوجہد کو اقبال نے خراج تحسین پیش کرتے ہوئے ایک نظم "سید کی لوح تربت" لکھی۔ میں اپنی باتوں کو ان کے اس نظم کے اشعار پر ختم کرنا چاہونگی کہ:

سنگ تربت ہے مرا گرویدۂ تقریر دیکھ

چشم باطن سے ذرا اس لوح کی تحریر دیکھ
مدعا تیرا اگر دنیا میں ہے تعلیم دیں
ترک دنیا قوم کو اپنی نہ سکھلانا کہیں
وانہ کرنا فرقہ بندی کے لیے اپنی زباں
چھپ کے اسباب پیدا ہوں تیری تحریر سے
دیکھ! کوئی دل نہ دکھ جائے تیری تقریر سے
محفل نو میں پرانی داستانوں کو نہ چھیڑ
رنگ پر جواب نہ آئیں ان فسانوں کو نہ چھیڑ

٭ ٭ ٭

سر سید کی تعلیمی خدمات و علی گڑھ تحریک

ڈاکٹر شرف الدین اعظمی

سر سید کا نقطۂ نظر تھا کہ مسلم قوم کی ترقی کی راہ تعلیم کی مدد سے ہی ہموار کی جا سکتی ہے۔ انہوں نے مسلمانوں کو مشورہ دیا کہ وہ جدید تعلیم حاصل کریں اوار دوسری اقوام کے شانہ بشانہ آگے بڑھیں۔ انہوں نے محض مشورہ ہی نہیں دیا بلکہ مسلمانوں کے لیے جدید علوم کے حصول کی سہولتیں بھی فراہم کرنے کی پوری کوشش کی۔ انہوں نے سائنس، جدید ادب اور معاشرتی علوم کی طرف مسلمانوں کو راغب کیا۔ انہوں نے انگریزی کی تعلیم کو مسلمانوں کی کامیابی کے لیے زینہ قرار دیا تا کہ وہ ہندوئوں کے مساوی و معاشرتی درجہ حاصل کر سکیں۔

۱۸۵۹ء میں سر سید نے مراد آباد اور ۱۸۶۲ء میں غازی پور میں مدرسے قائم کیے۔ ان مدرسوں میں فارسی کے علاوہ انگریزی زبان اور جدید علوم پڑھانے کا بندوبست بھی کیا گیا۔

سر سید احمد خان (۱۸۱۷--۱۸۹۸)

۱۸۷۵ء میں انہوں نے علی گڑھ میں ایم اے او ہائی اسکول کی بنیاد رکھی جو بعد ازاں ایم۔ اے۔ او کالج اور آپ کی وفات کے بعد ۱۹۲۰ء میں یونیورسٹی کا درجہ اختیار کر گیا۔ ان اداروں میں انہوں نے آرچ بولڈ آرنلڈ اور موریسن جیسے انگریز اساتذہ کی

خدمات حاصل کیں۔

۱۸۶۳ء میں غازی پور میں سرسید نے سائنٹفک سوسائٹی کے نام سے ایک ادارہ قائم کیا۔ اس ادارے کے قیام کا مقصد مغربی زبانوں میں لکھی گئیں کتب کے اردو تراجم کرانا تھا۔ بعد ازاں ۱۸۷۶ء میں سوسائٹی کے دفاتر علی گڑھ میں منتقل کر دیے گئے۔ سرسید نے نئی نسل کو انگریزی زبان سیکھنے کی ترغیب دی تاکہ وہ جدید مغربی علوم سے بہرہ ور ہو سکے۔ یوں دیکھتے ہی دیکھتے مغربی ادب سائنس اور دیگر علوم کا بہت سا سرمایہ اردو زبان میں منتقل ہو گیا۔ سوسائٹی کی خدمات کی بدولت اردو زبان کو بہت ترقی نصیب ہوئی۔

۱۸۸۶ء میں سرسید احمد خاں نے محمڈن ایجوکیشنل کانفرنس کے نام سے ایک ادارے کی بنیاد رکھی گئی۔ مسلم قوم کی تعلیمی ضرورتوں کے لیے افراد کی فراہمی میں اس ادارے نے بڑی مدد دی اور کانفرنس کی کارکردگی سے متاثر ہو کر مختلف شخصیات نے اپنے اپنے علاقوں میں تعلیمی سرگرمیوں کا آغاز کیا۔ لاہور میں اسلامیہ کالج کراچی میں سندھ مدرسۃ الاسلام، پشاور میں اسلامیہ کالج اور کانپور میں حلیم کالج کی بنیاد رکھی۔ محمڈن ایجوکیشنل کانفرنس مسلمانوں کے سیاسی ثقافتی معاشی اور معاشرت حقوق کے تحفظ کے لیے بھی کوشاں رہی۔

سرسید نے اس تحریک کا آغاز جنگ آزادی سے ایک طرح سے پہلے سے ہی کر دیا تھا۔ غازی پور میں سائنٹفک سوسائٹی کا قیام اسی سلسلے کی ایک کڑی تھا۔ لیکن جنگ آزادی نے سرسید کی شخصیت پر گہرے اثرات مرتب کیے اور ان ہی واقعات نے علی گڑھ تحریک کو بارآور کرنے میں بڑی مدد دی۔ لیکن یہ پیش قدمی اضطراری نہ تھی بلکہ اس کے پس پشت بہت سے عوامل کارفرما تھے۔ مثلاً راجارام موہن رائے کی تحریک نے بھی ان پر گہرا اثر چھوڑا۔ لیکن سب سے بڑا واقعہ سکوت دلی کا ہی ہے۔ اس واقعے نے ان کی فکر اور

عملی زندگی میں ایک تلاطم برپا کر دیا۔ اگرچہ اس واقعے کا اولین نتیجہ یا ردعمل تو مایوسی، پژمردگی اور ناامیدی تھا تاہم اس واقعے نے ان کے اندر چھپے ہوئے مصلح کو بیدار کر دیا۔ علی گڑھ تحریک کا وہ بیج جو زیر زمین پرورش پا رہا تھا اب زمین سے باہر آنے کی کوشش کرنے لگا۔ چنانچہ اس واقعے سے متاثر ہو کر سرسید احمد خان نے قومی خدمت کو اپنا شعار بنا لیا۔ ابتداء میں سرسید احمد خان نے صرف ایسے منصوبوں کی تکمیل کی جو مسلمانوں کے لیے مذہبی حیثیت نہیں رکھتے تھے۔ اس وقت سرسید احمد خان قومی سطح پر سوچتے تھے۔ اور ہندوئوں کو کسی قسم کی گزند پہنچانے سے گریز کرتے تھے۔ لیکن ورنیکلر یونیورسٹی کی تجویز پر ہندوؤں نے جس متعصبانہ رویے کا اظہار کیا، اس واقعے نے سرسید احمد خان کی فکری جہت کو تبدیل کر دیا۔ اس واقعے کے بعد اب ان کے دل میں مسلمانوں کی الگ قومی حیثیت کا خیال جاگزیں ہو گیا تھا اور وہ صرف مسلمانوں کی ترقی اور فلاح و بہبود میں مصروف ہو گئے۔ اس مقصد کے لیے کالج کا قیام عمل میں لایا گیار سالے نکالے گئے تا کہ مسلمانوں کے ترقی کے اس دھارے میں شامل کیا جائے۔ ۱۸۶۹ء میں سرسید احمد خان کو انگلستان جانے کا موقع ملا اس یہاں پر وہ اس فیصلے پر پہنچے کہ ہندوستان میں بھی کیمرج کی طرز کا ایک تعلیمی ادارہ قائم کریں گے۔ وہاں کے اخبارات سپکٹیٹر، ٹیٹلر اور سے متاثر ہو کر۔ سرسید نے تعلیمی درسگاہ کے علاوہ مسلمانوں کی تہذیبی زندگی میں انقلاب لانے کے لیے اسی قسم کا اخبار ہندوستان سے نکالنے کا فیصلہ کیا۔ اور "رسالہ تہذیب الاخلاق" کا اجراء اس ارادے کی تکمیل تھا۔ اس رسالے نے سرسید کے نظریات کی تبلیغ اور مقاصد کی تکمیل میں اعلیٰ خدمات سرانجام دیں۔ علی گڑھ تحریک ایک بہت بڑی فکری اور ادبی تحریک تھی۔

سرسید احمد خاں نے ۱۸۷۵ء میں "محمڈن اینگلو اورینٹل کالج" کی داغ بیل ڈالی جسے

۱۹۲۰ء میں یونیورسٹی کا درجہ ملا اور آج اسے علی گڑھ مسلم یونیورسٹی کی حیثیت سے عالمی شہرت حاصل ہے۔ انہوں نے کہا:

" میں ہندوستانیوں کی ایسی تعلیم چاہتا ہوں کہ اس کے ذریعہ ان کو اپنے حقوق حاصل ہونے کی قدرت ہو جائے، اگر گورنمنٹ نے ہمارے کچھ حقوق اب تک نہیں دیے ہیں جن کی ہم کو شکایت ہو تو بھی ہائی ایجوکیشن وہ چیز ہے کہ خواہ مخواہ طوعاً وکرہاً ہم کو دلا دے گی۔: اس تحریک کے دیگر قائدین میں سے محسن الملک، وقار الملک، مولانا شبلی نعمانی، مولانا الطاف حسین حالی اور مولانا چراغ علی خاص طور پر قابل ذکر ہیں۔ ان لوگوں نے وہ کارہائے نمایاں انجام دیے کہ آنے والی مسلم نسلیں ان کی جتین بھی قدر کریں کم ہے۔ سر سید اور ان کے ساتھیوں نے علی گڑھ تحریک کو ایک ہمہ گیر اور جامع تحریک بنا دیا۔ یوں مسلمانوں کی نشاۃ الثانیہ کا آغاز ہوا۔

۱۸۵۷ء کی جنگ آزادی کی تمام تر ذمہ داری انگریزوں نے مسلمانوں پر ڈال دی تھی اور انہیں سزا دینے کے لیے ان کے خلاف نہایت ظالمانہ اقدامات کیے گئے ہندو جو جنگ آزادی میں برابر کے شریک تھے۔ انہیں بالکل کچھ نہ کہا گیا۔ انگریز کی اس پالیسی کی وجہ سے مسلمان معاشرتی طور پر تباہ ہو گئے اور ان معاشی حالت ابتر ہو گئی انگریزوں نے فارسی کی بجائے جو مسلمانوں کی زبان تھی۔ انگریزی کو سرکاری زبان کا درجہ دے دیا تھا۔ مسلمان کسی صورت بھی انگریزی زبان سیکھنے پر رضامند نہ تھے، دوسری طرف ہندوؤں نے فوری طور پر انگریزی زبان کو اپنا لیا تھا اور اس طرح تعلیمی میدان میں مسلمانوں سے آگے نکل گئے۔

ان اقدامات نے مسلمانوں کی معاشی اور معاشرتی حالت کو بہت متاثر کیا تھا مسلمان جو کبھی ہندوستان کے حکمران تھے، ادب ادنیٰ درجے کے شہری تھے۔ جنہیں ان کے

تمام حقوق سے محروم کر دیا گیا تھا۔

سر سید احمد خان مسلمانوں کی ابتر حالت اور معاشی بد حالی کو دیکھ کر بہت کڑھتے تھے آپ مسلمانوں کو زندگی کے باعزت مقام پر دیکھنا چاہتے تھے اور انہیں ان کا جائز مقام دلانے کے خواہاں تھے۔ آپ نے مسلمانوں کی راہنمائی کا ارادہ کیا اور انہیں زندگی میں اعلیٰ مقام حاصل کرنے کے لیے جدوجہد کی تلقین کی۔

سر سید احمد خان نے یہ محسوس کر لیا تھا کہ ہندوستان کے مسلمانوں کی موجودہ حالت کی زیادہ ذمہ داری خود مسلمانوں کے انتہا پسند رویے کی وجہ سے ہے۔ ہندوستان کے مسلمان انگریز کو اپنا دشمن سمجھتے تھے اور انگریزی تعلیم سیکھنا اپنے مذہب کے خلاف تصور کرتے تھے۔ مسلمانوں کے اس رویے کی وجہ سے انگریزوں اور مسلمانوں کے درمیان میں ایک خلیج حائل رہی، سر سید احمد خان نے یہ محسوس کر لیا تھا کہ جب تک مسلمان انگریزی تعلیم اور انگریزوں کے متعلق اپنا رویہ تبدیل نہ کریں گے ان کی حالت بہتر نہ ہو سکے گی اور وہ تعلیمی میدان میں ہمیشہ ہندوؤں سے پیچھے رہیں گے۔ آپ نے مسلمانوں کو یہ تلقین کی کہ وہ انگریزوں کے متعلق اپنا رویہ بدلیں کیونکہ انگریز ملک کے حکمران ہیں۔ آپ نے اپنی تحریک کا آغاز مسلمانوں اور انگریزوں کے درمیان میں غلط فہمی کی فضا کو ختم کرنے سے کیا۔

***

جدید ہندوستان کی تعمیر میں سر سید احمد خاں کی خدمات

سونور جک

ہندوستان کی عظیم اور تاریخی درس گاہ علی گڑھ مسلم یونیورسٹی کے بانی سر سید احمد خاں نے اپنی پوری زندگی فکری، اصلاحی، فراخدلی، رواداری، استدلالی جستجو اور سائنسی طرز فکر کو توانائی دینے میں صرف کر دی ان کے مصلحانہ اقوال اور تحریریں ان کی فکری عظمت اور ان کے اعلیٰ خیالات کی آئینہ دار ہے۔ انہوں نے تعلیم کو معاشرتی اصلاح کا واحد ذریعہ بنایا ہے۔ محسن ملت سر سید احمد خاں صاحب ملت کے نونہالوں کے چہرے پر مسکان دیکھنا چاہتے تھے انہوں نے ملک و ملت کو اقتصادی طور پر بحرانی کیفیت میں دیکھا تھا چنانچہ اس کیفیت سے ابھرنے کے لئے علم و ہنر کو شاہ کلید دیا تھا اور بار بار کہا کرتے تھے "میں اپنی قوم کے نونہالوں کو نیلے آسمان سے بھی اونچا دیکھنا چاہتا ہوں"۔

سر سید احمد خان ملک و ملت کے ہمدرد غمگسار تھے۔ چنانچہ ان کا ماننا تھا کہ مجموعی ترقی کے لئے اجتماعی جدوجہد ضروری ہے۔ اور ان کا اس پر یقین تھا کہ اگر مسلمان ترقی کرے گا تو ہندوستان ترقی کرے گا جس نے حالات کے تقاضوں کو سمجھا دنیا اس کے قدموں کو چومتی ہے۔ وہ کہتے تھے کہ ایک ہاتھ میں فلسفہ ہو گا اور دوسرے ہاتھ میں نیچرل سائنس اور سر پہ لا الہ الا اللہ کا تاج۔

حسن کے ہر انداز ستم سے ہوتی ہے تجدید وفا

پھر بھی نہ جانے اہل محبت کیوں اتنا گھبراتے ہیں

سرسید احمد خان نے تعلیم نسواں کے حوالے سے پنجاب میں خواتین کے ایک جلسہ میں کہا۔ اے میری بہنوں! تم یقین جانو کہ دنیا میں کوئی قوم ایسی نہیں ہے جس میں مردوں کے حالات ہونے سے پہلے عورتوں کے حالات میں درستگی ہوئی ہو۔ خدا کی برکت زمین سے نہیں آتی بلکہ آسمان سے آتی ہے سورج کی روشنی بھی نیچے سے نہیں آتی بلکہ اوپر سے آتی ہے اسی طرح مردوں کی تعلیم سے عورتوں کی تعلیم ہوتی ہے۔

اے ماں بہنوں بیٹیوں دنیا کی زینت آپ سے ہے
ملکوں کی بیٹی ہو تم ہی قوموں کی عزت تم سے ہے
ہو معنٰی ہو خاوندوں کی تم غم خوار فرزندوں کی تم
تم بن ہے گھر ویران سب گھر بھر میں برکت تم سے ہے

سرسید احمد صاحب کا تصور نیشنلزم، سیکیولرزم اور اس کے دیگر عناصر نکتہ کا بار بار اعادہ کرتے ہیں کہ باشندگان ہند ایک قوم ہے ان کی نیشنیلٹی انڈین ہے وہ اپنے مذہب و دین پر اچھی طرح قائم رہتے ہوئے جو سیکیولرزم کا صحیح مطلب ہے وطن کی بہتر خدمت کر سکتے ہیں۔

ظلمت شب میں بہاروں نے چمن چھوڑ دیا
رات بھر ساتھ گلوں کے رہی شبنم تنہا

سرسید احمد خاں کا نظریہ ذریعہ تعلیم :-

(۱دیسی زبانوں میں مختلف فنون اور علوم کی اعلیٰ تعلیم کا انتظام کیا جائے۔

(۲امتحانات بھی دیسی زبان میں ہوں

(۳اب انگریزی زبان کے طالب علموں کو علم کی مختلف شاخوں میں لیاقت حاصل

کرنے پر جو سندیں عطا ہوتی ہے وہی سندیں ان طالب علموں کو عطا ہوا کریں جو انہیں مضامین کا اردو زبان میں امتحان دے کر کامیاب ہوتے ہیں۔

(۴خواہ کلکتہ یونیورسٹی میں ایک الگ اردو فیکلٹی قائم کی جائے۔

سکھایا تھا تمہیں نے قوم کو یہ شور و شر سارا
جو اس کی انتہا ہم ہیں تو اس کی ابتدا تم ہو

سر سید کی پارکھی نظر

۱)شریعت محمدیہ کی پیروی

۲)تہذیب وسائگلی پر زور

۳)اتحاد و اتفاق کی پر زور وکالت

۴)سماجی برائیوں کے خلاف جدوجہد

۵)فرسودہ رسم ورواج کی مخالفت

سر سید احمد خاں صاحب چاہتے تھے کہ مسلم نوجوان جہاں ایک طرف انگریزی زبان وادب اور جدید علوم وفنون کا مطالعہ کریں وہیں دوسری جانب قدیم مشرقی علوم پر بھی توجہ دیں ان کے تعلیمی وزن میں قدیم اور جدید کا امتزاج شامل تھا عربی وفارسی زبان وادب اور مذہبی امور کی تعلیم کو وہ نوجوان ذہنوں کی مناسب پرداخت کے لئے از حد ضروری خیال کرتے تھے البتہ ان کا منشا تھا کہ نوجوان کورانہ تقلید سے اجتناب برتیں۔ علم کی روشنی میں حق و باطل کی شناخت کریں اور قرآن کی روشنی میں دین کی بنیادوں تک رسائی حاصل کریں مذہب کے نام پر جو برائیاں وتوہمات معاشرے میں سرایت کر گئے ہیں ان کو محض اس وجہ سے قبول نہ کریں کہ برسوں سے ہمارے اطوار وروایات کا حصہ ہیں یہ مقصد تبھی حاصل ہو سکتا ہے جب نوجوان دین کی صحیح تعلیم حاصل کریں اور علوم

عربیہ اور فارسی کتب مذہبی جو معدوم ہو جاتے ہیں کس طرح قائم رہے۔

جلا کر اپنے آشیانے کو
بخش گئے روشنی زمانے کو
جو ابر یہاں سے اٹھا ہے
وہ سارے جہاں میں برسے گا

سر سید احمد خاں نے جدید ہندوستاں کی تعمیر و ترقی کا جو خواب دیکھا تھا اسے شرمندہ تعبیر کرنا ہر ہندوستانی کی ذمہ داری ہے۔ جدید ہندوستان کے متعلق ان کا خیال تھا کہ "ہندو اور مسلمان ہندوستان کی دو آنکھیں ہیں" سر سید احمد خاں ہندوستان کے عقلی افق پر چلنے والے روشن ستاروں میں ایک تھے۔ انہوں نے نوجوانوں کو جدید اور سائنٹفک بنیادوں پر تعلیم و تربیت دینے ک طرف توج دلائی۔ حالانکہ خود انہوں نے یوروپین تعلیم نہیں پائی تھی۔ تاہم ان کا فیصلہ تھا کہ ہندوستانی (مسلمان) اگر اپنے نوجوان کو یوروپین خصوصاًEngland کی طرز تعلیم نہیں دلوائیں گے تو وہ کبھی ترقی نہیں کر سکیں گے۔

سر سید تا عمر مسلمانوں کی تعلیمی، مذہبی اور معاشرتی ترقی و اصلاح کے لئے کام کرتے رہے۔ وہ سمجھتے تھے کہ ہندوستانی مسلمان ایسے مریضوں کی طرح ہیں جو اپنے مرض کو اس وقت تک محسوس نہیں کریں گے جب تک صحت کا مزہ نہ چکھ لیں۔ وہ ان فقرا کی طرح ہیں جو اپنے فقر اور اپنی غذا اور رہائشی بدحالی کو اس وقت تک محسوس نہیں کر سکتے جب تک ذائقہ دار کھانا نہ کھالیں۔ جب تک نرم و گداز بستر میں نہ سوئیں اور جب تک کشادہ آرامدہ اور ہوادار مکان میں نہ قیام کر لیں۔ اس لئے ان ہوں نے یہ خیال کیا کہ مسلمانوں کو ان چیزوں سے روشناس کرایا جائے۔ جس کے لئے تعلیمی اور ذہنی بیداری کی سخت ضرورت ہوتی ہے۔ چنانچہ سر سید نے اس کو اپنا مشن اور نصب العین بنایا۔ جس کے

متعلق وہ خود لکھتے ہیں۔ ہم پر فرض ہیکہ مغربی اقوام کے ساتھ ان کے علوم میں شرکت کریں۔ اور اکتساب علم اور ایجاد عمل کی راہ میں جاری ان کی کوششوں میں شانہ بہ شانہ قدم بہ قدم چلیں۔ اہل مغرب کے علوم کو حاصل کرنے اور ان کی تہذیب کو اپنانے کے سوا ہمیں غربت کے پنجوں اور جہالت جبروں سے بچانے والا کوئی نہیں ہے۔ اس وقت ہم دونوں کے درمیان یک گونہ یگانگت اور برابری ہو گی۔ اس شدید مقابلہ میں ہمیں صرف ان کی برابری ہی ہلاکت سے بچانے والی ہے"۔

ایک موقع پر قوم کے نوجوانوں کو خطاب کرتے ہوئے انہوں نے اپنے خیالات کا اظہار کرتے ہوئے یہ فرمایا کہ "تمہارے لئے ضروری ہیکہ اگر تم علم حاصل کرنا اور اس سے استفادہ کرنا چاہتے ہو تو اپنی قدیم عادتیں اور ضرر رساں اخلاق کو ترک کرو اور اپنی زندگی کے راستہ میں علم کی روشنی سے ہدایت حاصل کرو"۔ قوم کے بچوں کی صحیح تعلیم اور ان کی پرورش و پرداخت سے متعلق اپنی خواہش کا اظہار سر سید نے ان الفاظ میں کیا ہے۔ "ہماری خواہش یہ ہیکہ ہمارے بچے یہاں آزادی کے ماحول میں پرورش پائیں اور ان نقصاندہ اور فاسد اوہام اور گھٹیاں عادتوں سے دور رہیں۔ جو ان کو چاروں طرف سے گھیرے ہوئے ہے"۔ وہ چاہتے تھے کہ مسلم قوم ایسے مقام تک پہونچ جائے کہ نئی نسل کو ترقی دینے میں اور اور اسے مہذب بنانے میں معاون ثابت ہو سکے۔

سر سید احمد خاں مغرب کے علوم و فنون کی اہمیت کو سمجھتے تھے۔ اگرچہ گزشتہ صدیاں مشرق کی علمی بازیافت کی گواہ رہی ہیں لیکن اب مغرب جدید فکر و فن کا مرکز بن گیا ہے۔ اس سلسلے میں سر سید کا یہ خیال تھا کہ "آج روشنی مغرب سے آ رہی ہے۔ جبکہ یہ کبھی مشرق سے چمکا کرتی تھی۔ ہمارا فرض ہے کہ ہم یوروپ سے ان علوم کو حاصل کریں۔ حیات نو کے میدان میں زندگی کے ساتھ ساتھ چلیں اور یہ چیز مسلمانوں

سے ان کی شناخت کو ضائع نہیں کریگی۔ بلکہ ان سے جہالت اور لاعلمی کو ختم کریگی۔"

سرسید نے "تہذیب الاخلاق" میں تعلیم وتربیت کے موضوع پر ایک مضمون میں اپنے تعلیمی خیالات اس طرح ظاہر کئے ہیں "ہر ضلع میں کم سے کم ایک مدرسہ قائم کرنا چاہئے۔ جس سے ہر قسم کے مطالب و مقاصد پورے ہوں گے۔ کیونکہ تمام لوگوں کے ایک ہی طرح کے مقاصد نہیں ہوتے۔ اگر کوئی شخص مولوی، محدث وفقیہ بننا چاہے تو مولوی بننے کا بھی اس میں موقع موجود ہو۔ اگر کوئی شخص بڑا ریاضی داں بننا چاہے تو وہ بھی اس میں اپنا مقصد حاصل کرسکے اور اگر کوئی شخص علوم وزبان انگریزی میں تحصیل کامل کرنا اور عہدہائے جلیلہ گورنمنٹ کو حاصل کرنا چاہے وہ بھی کرسکے جب ایسا انتظام و سلسلہ قائم ہو جائے تب مسلمانوں کی تربیت اور دینی و دنیوی ترقی کو توقع ہوتی ہے۔"

سرسید کا مشہور زمانہ قول تعلیمی وتعمیری ترقی کے متعلق یہ ہے کہ جو ان کا سب سے بڑا ترجمان ہے۔ "فلسفہ ہمارے دائیں ہاتھ میں ہوگا اور نیچرل سائنس بائیں ہاتھ میں اور کلمہ لا الہ الا اللہ کا تاج سر پر ہوگا۔"

جدید ہندوستانی تعمیر کے لئے سرسید کے افکار وخیالات کی روشنی میں ان کے تعلیمی مشن کے مختلف مراحل کا مطالعہ کیا جائے تو یہ بات روز روشن کی طرح واضح ہو جاتی ہے کہ وہ ایک ایسے نظام تعلیمی کے داعی اور المبر دار تھے۔ جس میں علوم قدیم اور علوم جدید دونوں کا امتزاج پایا جائے۔ اور وقت کے تقاضوں کے مطابق ملک وملت کی نئی نسل خود کو پروان چڑھائے۔

سرسید کو اللہ غریق رحمت کرے قوم وملت کے زوال آمادہ تہذیب کو سنوارنے اور اسے عروج تک پہنچانے میں اہم کردار ادا کیا۔ قوم کی اصلاح اس کی تعلیم وتربیت اور سماجی و اقتصادی ترقی کے لئے تن من دھن کی بازی لگا دی۔ اس کے لئے مضامین

لکھے، رسالے نکالے، سائنٹفک سوسائٹی قائم کی مدرستہ العلوم کی بنیاد رکھی۔ اس کے لئے خود بھی مخلف طریقے سے چندہ کی اور دوسروں سے بھی چندہ کروایا اور اپنا سارا اثاثہ اس کے نام کر دیا۔ سچ تو یہ ہے کہ پوری قوم سر سید کے احسان سے گراں بار ہے آج سر سید کی شخصیت کو اجاگر کرنے، ان کی تعلیمات کو نئی نسل تک پہنچانے اور قوم سے ان کی محبت کو عام کرنے کی ضرورت ہے اس طرح جدید ہندوستان کی تعمیر میں سر سید احمد خاں کی تعلیمی خیالات اور خدمات نہ صرف نمایاں ہیں بلکہ تاریخ کی صفحوں میں زندہ جاوید مثال ہے جو ہمیشہ کہا کرتے تھے ملک کے اخوت اور رواداری کے لئے کہ ہندو اور مسلمان ملک ہندوستان کی خوبصورت دلہن کے مانند ہے یقینی طور پر علی گڑھ مسلم یونیورسٹی کے پہلے فارغین میں ایشور پرشاد، لالا امرناتھ، میجر دھیان چند، وغیرہ۔ اس طرح سر سید احمد خاں کے ذریعہ بنایا گیا۔ ادارہ ایک گنگا جمنی تہذیب کا گہوارہ ہے جو نہ صرف سیکیولرزم بلکہ نیشنلزم کی مظبوطی کے لئے وطن میں اول ہے اس کو ترجیح دی اور سماج کے غریب دبے کچلے مظلوم پسماندہ میں نیا جوش، فنون، بلبلہ اور روح ڈالنے کا کام کیا۔ اس طرح سر سید صاحب ملک ہندوستان کے تعلیمی روشن مستقبل کے لئے ہمیشہ کوشاں رہے۔

آج دن میں ہی آسماں پر چاند دیکھ رہا ہوں
سر سید احمد کو چاند کی طرح چمکتا دیکھ رہا ہوں

نواب وقار الملک نے سر سید کی خدمات کا اعتراف اس طرح کیا ہے:

نازش اہل وطن تھے صاحب کردار تھے
مولوی مشتاق حاجی قوم کے معمار تھے
واجب العظیم تھے اپنے پرائے کے لئے
جذبہ اخلاص کی بنیاد کے اثار تھے

وقف روز و شب تھے ان کے خدمات دین کے لئے
عہد انگریزی میں اعلیٰ قوم کے معیار تھے
اب کہاں رہبر ہیں ایسے ؟ جو خدائے قوم ہوں
سید احمد کے "مشن کالج" کے بھی غم خوار تھے
قابل تقلید ان کا آج بھی کردار ہے
واسطے قوم و وطن کے روز شب بے دار تھے

سر سید احمد خاں ملک وملت کے بڑے ہمدرد تھے۔ ان کا ماننا تھا کہ قوم کی ترقی کے لئے اجتماعی جدوجہد بہت ضروری ہے۔ ان کا یہ بھی ماننا تھا کہ کسی بھی قوم کی ترقی کے لئے ان کی عورتوں میں تعلیمی بیداری ضروری ہے۔ اور انہوں نے تعلیم نسواں کے حوالے سے ایک جلسے کو خطاب کرتے ہوئے کہا تھا کہ دنیا میں کوئی بھی قوم ایسی نہیں ہے جن میں مردوں کے حالات کی درستگی سے پہلے عورتوں کے حالات میں درستگی ہوئی ہو۔ سر سید تا عمر مسلمانوں کی تعلیمی، مذہبی اور معاشرتی ترقی کے لئے کام کرتے رہے۔ وہ سمجھتے تھے کہ ہندوستانی مسلمان ایسے مریضوں کی طرح ہیں جو اپنے مرض کو تب تک محسوس نہیں کرتے جب تک وہ صحت کا مزہ نہ چکھ لیں۔ سر سید نے تعلیمی بیداری کو اپنا مقصد اور نصب العین بنالیا تھا جس کے متعلق وہ خود لکھتے ہیں "ہم پر فرض ہے کہ مغربی اقوام کے ساتھ ان کے علوم میں ہم برابر کی شرکت کریں" ایک اور موقع پر انہوں نے نوجوانوں کو خطاب کرتے ہوئے فرمایا تھا کہ تمہارے لئے ضروری ہے اگر تم علم حاصل کرنا اور اس سے استفادہ کرنا چاہتے ہو تو اپنی قدیم عادتیں اور ضرر رساں اخلاق کو ترک کرو اپنی زندگی کے راستے میں علم کی روشنی سے ہدایت حاصل کرو۔ قوم کے بچوں کی صحیح تعلیم وتربیت کے لئے وہ ہمیشہ کوشاں ہوتے تھے۔ اور وہ چاہتے تھے کہ ہمارے بچے ایسے مقام

تک پہونچیں کہ وہ نئی نسل کی ترقی اور اسے مہذب بنانے میں معاون ثابت ہو سکے۔ ان کا یہ خواب تبھی سچ ہو گا جب قوم کے رہنما اور نوجوانوں کے اندر تعلیمی بیداری پیدا ہو جائے گی اور ہمہ وقت وہ یہ جد و جہد کریں کہ کیسے ہماری قوم تعلیم یافتہ ہو جائے اور جب قوم کے اندر تعلیم آ جائیگی تب دیس بھی ترقی کرے گا۔ اور یہ تب تک ممکن نہیں ہے جب ہمارا نصب العین اور ہماری سوچ یہ نہ ہو کہ قوم کی ترقی ہماری ترقی اور ہماری ترقی دیس کی ترقی ہے۔

***

سر سید احمد کی تعلیمی خدمات

عرشیہ انجم

جب زمانے میں جاہلیت عروج پر ہوتی ہے ، جب چاروں سمت ناامیدی کا گھرا اندھیرا چھایا ہوتا ہیں اور جب انسان بے بس اور بے مدد گار ہو جاتا ہے، تب خداوند کریم اپنے پیغمبر اور رہبر کا زمین پر نزول فرماتا ہے۔

ایک زمانے میں اللہ نے پیغمبر محمد صلی اللہ علیہ وآلہ وسلم کو اس زمین پر اپنے دین کے اختتام اور اکمال کے لیے بھیجا تھا۔ سارے زمانے میں علم، اخوت، مساوات کا بول بالا ہو گیا تھا۔

اس کائنات میں برائیاں اور جہالت ہمیشہ سر گرداں رہتی ہیں۔ حق کو شکست دینے اُس پہ غالب آنے کے لیے کوشاں رہتی ہیں۔ مگر اس کی کوششیں دیر پا نہیں ہوتیں۔ اس اندھیرے میں روشنی کی کوئی شعاع نکلتی ہے اور تاریکی کو ختم کرتے میں اپنی زندگی صرف کر دیتی ہے۔

ایسے ہی پر آشوب وقت میں میں خدا نے سر سید احمد خان کو اپنی اس کائنات میں بھیجا تھا۔ جو قوم کے لیے چراغ بن کر آئے اور رہتی دنیا تک کے لیے شمع روشن کر گئے۔

ان کی ادبی اور سیاسی حیثیت مسلم ہے۔ ان شعبوں میں ان کی خدمات بھی بے پایاں ہیں، مگر قوم پر جو احسان انہوں نے علم و تعلیم کے فروغ کے ذریعے کیا وہ ان کو زندہ وجاوید رکھے گا۔

۱۸۵۷ کی بغاوت کی ناکامی کے بعد سر سید نے محسوس کر لیا تھا کہ اونچے، درمیانے طبقوں کے تباہ حال مسلمان جب تک باپ دادا کے کارناموں پر شیخی بگھارتے رہیں گے۔ انگریزی زبان سمیت مغربی علوم سے نفرت کرتے رہیں گے۔ اس وقت تک دنیا بھر میں رسوا ہوتے رہیں گے۔ ان کا واحد علاج انگریزی زبان اور مغربی علوم کی تعلیم ہے۔ ۱۸۶۳ میں کلکتہ میں ایک جلسے میں خطاب کرتے ہوئے سر سید نے کہا تھا:

"ہر طالب علم اس نتیجے تک پہنچے گا کہ حق کثیر العباد ہے اور یہ کہ دنیا اس کے فرقہ، جماعت اور معاشرے سے کہیں زیادہ وسیع ہے۔ جہالت ہماری سب سے بڑی دشمن ہے۔ اگر ہندوستان کے باشندوں کو انگلستان کی عظیم طاقت کا اندازہ ہوتا تو ۱۸۵۷ کے ناخوش گوار واقعات ہرگز رونما نہ ہوتے۔"

سر سید نے زور دیا کہ قوم کو اپنے ذہن میں وسعت پیدا کرنے کی ضرورت ہے۔ انہوں نے ایک ہی نعرہ وضع کیا:

"تعلیم حاصل کرو، تعلیم حاصل کرو، تعلیم حاصل کرو"۔

سر سید احمد خان نے ہندوستان بالخصوص مسلمانوں کی زبوں حالی کو دور کرنے ،انہیں عصری علوم سے جوڑنے کے لیے جدید تعلیم کا خاکہ تیار کیا۔ ایک طرف اپنے مشن کی آبیاری کے لیے اردو میں "تہذیب الاخلاق" رسالہ جاری کیا۔ 'سائنٹفک سوسائٹی' کی بنیاد رکھی۔ دوسری طرف ۵ نومبر ۱۸۵۹ کو ' مدرسۃ العلوم" کے نام سے مدرسہ شروع کرکے اپنے تعلیمی مشن کی بنیاد ڈالی۔

جدید نصاب تعلیم کو دیکھنے اور سمجھنے کے لیے ۱۸۶۹ میں اپنے بیٹے کے ہمراہ انگلستان چلے گئے۔ وہاں جاکر آپ نے آکسفورڈ، کیمبرج یونیورسٹی کے نظامِ تعلیم کا مشاہدہ کیا۔ وہاں کے تعلیمی نظام سے بہت متاثر ہوئے اور ہندوستان میں اسی طرز کی یونیورسٹی قائم

کرنے کا ارادہ کیا۔

بالآخر ۱۸۷۵ میں علی گڑھ کے صحرا میں ایک مدرسے کی بنیاد ڈالی۔ اس کے بعد ۲ جنوری ۱۸۷۷ کو وائسرائے لارڈ لٹن نے "محمدن اینگلو اورینٹل کالج" کا سنگ بنیاد رکھا۔ اس پتھر پر سر سید احمد خان نے تین بار ضرب لگا کر کہا:

"میں اعلان کرتا ہوں کہ یہ پتھر درست اور موزوں طرح سے نصب ہو گیا ہے۔"

اُن کے اعلان کے مطابق آج یہ کالج "علی گڑھ مسلم یونیورسٹی" کی شکل میں دنیا میں اپنی اعلیٰ تعلیم و تدریس کی مثال ہے۔ ملک کی ۱۰ سرفہرست یونیورسٹیز میں شمار کی جاتی ہے اور طالب علموں کی حیات کو روشن کیے ہوئے ہے۔

سر سید نے مذہب اور سائنس کے درمیان غیر معمولی ہم آہنگی پیدا کی۔ ان کے نزدیک علم و ادب صرف تفریح کا مشغلہ نہ تھا بلکہ ان کے لئے یہ چند مخصوص خیالات اور عقائد کے اظہار کا وسیلہ تھا۔ وہ ادب کو مقاصدِ زندگی کا آلہ کار سمجھتے تھے۔

سید جیسی شخصیت صدیوں میں پیدا ہوتی ہے اور صدیوں تک اپنا اثر رکھتی ہے۔ معاشرے میں نئی تجدید، نئی تحریک اور نئی تعبیر کے علمبردار، متحرک، باعمل، علم دوست ہستی سر سید احمد جنہیں دنیا کبھی بھول نہیں سکتی:

مت سہل انھیں جانو، پھرتا ہے فلک برسوں
تب خاک کے پردے سے انسان نکلتے ہیں!

* * *

تعلیمی بیداری اور سر سید احمد خان

ابو الکلام انصاری

سر سید احمد خان کی پیدائش ۱۷ اکتوبر ۱۸۱۷ کو دہلی میں مغل بادشاہ اکبر شاہ ثانی کے دورِ حکومت میں ہوئی تھی۔ ان کے والد محمد متقی اور والدہ عزیز النساء تھی۔ ان کے آباو اجداد مغل حکمرانی میں اپنی خدمات انجام دیتے رہے تھے۔

ان کی ابتدائی تعلیم کا آغاز ان کے والد کے روحانی صلاح کار غلام علی کے یہاں سے شروع ہوئی۔ انھیں عربی اور فارسی پر عبور حاصل تھا۔ انھوں نے قرآن کی تعلیم میں مہارت حاصل کی۔ اس کے علاوہ علم الحساب، الجبرا، علم نجوم، علم طب میں بھی مہارت رکھتے تھے۔ وہ تیراکی، نشانے بازی اور دیگر کھیل کود میں بھی دل چسپی رکھتے تھے اور مغل دربار کے ثقافتی پروگرام میں حصہ بھی لیا کرتے تھے۔

وہ پیشے سے ایسٹ انڈیا کمپنی میں ایک سرکاری ملازم تھے۔ انھوں نے اپنے کیریئر کا آغاز دہلی میں مقیم صدر امین کے دفتر کے Criminal Department میں Serestadar یعنی کلرک کے حیثیت سے کیا اور دھیرے دھیرے ترقی کرتے ہوئے جج کے عہدے تک پہنچ گئے اور ہندستان کے کئی شہروں میں اپنی خدمات انجام دیتے رہے۔ وہ ۱۸۷۶ میں اپنی ملازمت سے سبک دوش ہو کر علی گڑھ میں مقیم ہو گئے۔

ان کی ابتدائی زندگی کا زمانہ مغل عہد کے زوال اور انگریزی حکومت کے عروج کا

زمانہ تھا۔ چونکہ مغل حکومت مسلمانوں کی حکومت تھی اور انگریزی حکومت، عیسائیوں کی حکومت تو اس طرح اس دور میں مسلمان ہر لحاظ سے پس ماندگی کا شکار ہوتے چلے جا رہے تھے اور ہر محاذ پر ان کو جانی و مالی نقصان اور عزت و آبرو پر خطرات کا سامنا تھا۔ ۱۸۵۷ کی جد وجہد آزادی کے بعد مکمل طور پہ مغل حکومت کا خاتمہ ہو گیا اور انگریزی حکومت کا مکمل طور پر ہندستان کی سیاست پر غلبہ حاصل ہو گیا۔

یہ واقعہ سر سید احمد خان کی زندگی کا Turning Point تھا۔ انگریز بغاوت کے اصل ذمے دار مسلمانوں کو سمجھ کر ان کو ہر طرح سے ستا رہے تھے۔ ہزاروں مسلمان عالموں کا قتل عام کرتے جا رہے تھے۔ ایسے پر خطر دور میں سر سید احمد خان مسلمانوں کی عزت و آبرو، جان و مال اور وقار کی سلامتی و تحفظ کے لیے پر عزم ہوئے اور اپنے عزم کو عملی جامہ پہنانے کے لیے انھوں نے بہت سارے اقدامات کیے۔ انھی وجہوں سے ان کو Father of Muslim Modernization in India اور Father of Indian Muslim Nationalism جیسے القاب سے یاد کیا جاتا ہے۔

سر سید احمد خان کی خدمات پر نظر ڈالنے سے پہلے ان کے چند اقوال کو ملاحظہ فرمائیں۔ انھوں نے کہا تھا کہ:

۱) ہمارے دائیں ہاتھ میں قرآن اور بائیں ہاتھ میں سائنس ہو گا اور سر پر کلمہ لا الہ اللہ محمد الرسول اللہ کا تاج ہو گا۔

۲) چاند کے بغیر رات بے کار ہے اور علم کے بغیر ذہن۔

۳) Ignorance is the mother of poverty

مندرجہ بالا ان اقوال کو مدِ نظر رکھتے ہوئے ہم ان کی خدمات کا اندازہ بہ خوبی لگا سکتے ہیں۔ ان کی نوعمری کے دور میں ہی ۱۸۳۵ میں لارڈ ولیم بینٹک (Father of

Modern Education in India) نے ہندستان میں انگریزی و مغربی تعلیم کا آغاز کیا تھا اور فارسی کی جگہ انگریزی کو دفتری زبان کا درجہ دیا تھا۔ ۱۸۳۵ میں لارڈ ولیم بیٹنک نے کلکتہ میڈیکل کالج کا قیام کیا تھا۔ ۱۸۵۴ میں لارڈ ڈلہوزی کے عہد میں انگریزی و مغربی تعلیم کے فروغ کے لیے (Wood's Despatch (Magna Carta of Indian Education) نامی سفارشات پیش کی گئیں۔ انھی سفارشات کی بنیاد پر لارڈ کیننگ کے عہد میں ہندستان کے تین بڑے شہروں کلکتہ، بمبئی اور مدراس میں ۱۸۵۷ میں یونیورسٹیاں (ہندستان کی اول ترین یونی ورسٹیاں) قائم کی گئیں اور اس کے ذریعہ انگریزی اور مغربی تعلیم کے تحقیقاتی کام کو مزید تقویت بخشی گئی تھی۔

ان حالات کو مدِ نظر رکھتے ہوئے سر سید احمد خان نے مسلمانوں کی فلاح و بہبودی کے لیے اسلامی تعلیم کے ساتھ ساتھ انگریزی و مغربی تعلیم پر یکساں توجہ دینے کے لیے لوگوں کے اندر تعلیمی بیداری لانے کا کام شروع کیا۔ وہ اپنی تحریر اور تحریک دونوں کے ذریعہ مسلم قوم کے مستقبل کو سنوارنے کے لیے پوری زندگی کوشش کرتے رہے۔

☆ انھوں نے مسلم حکمرانوں کے اثاثہ و خدمات کے تحفظ کو مدِ نظر رکھتے ہوئے تاریخ کے موضوع پر "آثار الصنادید" نامی کتاب لکھی جو اتنی مقبول ہوئی کہ اسے Royal Asiatic Society of Great Britain and Ireland میں عزت بخشی گئی۔

☆ انھوں نے "تہذیب الاخلاق" اور "علی گڑھ انسٹی ٹیوٹ گزٹ" نامی میگزین کے ذریعہ مسلمانوں کے اندر تعلیمی بیداری لانے کی کوششیں کیں۔

☆ جدید طرز پر انھوں نے "تفسیر القرآن" اور "سیرت النبی ﷺ" پر بھی کتابیں لکھیں۔ ان تصنیفات کی وجہ سے ان کو کفر کے فتوے کا بھی سامنا کرنا پڑا۔ اکبر الہ آبادی

اور چند Orthodox Muslim Organisations کے ذریعہ ان کو زبردست مخالفت کا سامنا کرنا پڑا۔ وہیں ان کو خواجہ الطاف حسین حالی جیسی شخصیات کی حمایت بھی ملی۔ مخالفت کی پرواہ کیے بغیر وہ اپنے مشن پر ہمت اور استقلال سے جمے رہے اور آگے کی طرف قدم بڑھاتے چلے گئے۔ ان کی ثابت قدمی کو دیکھتے ہوئے اکبر الہ آبادی جیسے ناقدین کو کہنا پڑا کہ ہم تو صرف باتیں کرتے تھے اور سید کام کرتا تھا۔

☆ ۱۸۶۳ میں انھوں نے سائنسی علوم کی پذیرائی کے لیے علی گڑھ میں Scientic Society کا قیام کیا۔

☆ ۱۸۶۷ میں انھوں نے انگریزی حکومت کے ذریعہ United Provinces and Bihar کے لیے Perso-Arabic کی جگہ Devanagri-Hindi کو دوسری دفتری زبان بنانے کے فرمان پر زبردست مخالفت کی۔

☆ ۱۸۷۵ میں علی گڑھ تحریک کے ذریعہ علی گڑھ میں Mohammadan Anglo Oriental College کو قائم کیا جس کو ۱۹۲۰ میں Aligarh Muslim University کا درجہ دیا گیا۔ یہاں انھوں نے اسلامی تعلیم کے ساتھ ساتھ انگریزی و مغربی تعلیم کی حصولیابی کا باضابطہ انتظام کیا تھا۔

☆ ۱۸۷۸ میں ان کو انگریزی حکومت کا حمایتی ہونے کی وجہ سے Imperial Legislative Council کا ممبر منتخب کیا گیا۔

☆ ۱۸۸۵ میں Indian National Congress کے قیام سے قبل تک وہ ہندو مسلم اتحاد کے علم بردار تھے اور انھوں نے کہا تھا کہ۔

"Hindu and Muslim form one nation in India. They are two eyes of India, injure one and injure other"

اس بات کو مدِ نظر رکھتے ہوئے انھوں نے علی گڑھ مسلم یونی ورسٹی میں دو طرح کے شعبوں کا انتظام کیے تھے۔ سنسکرت اور ہندو قوانین کے ساتھ انگریزی زبان اور مغربی تعلیم کا ایک شعبہ اور عربی و فارسی زبان اور اسلامی قوانین کے ساتھ انگریزی زبان اور مغربی تعلیم کا دوسرا شعبہ۔

لیکن وہ کانگریس کے اغراض و مقاصد اور حرکات و سکنات سے متفق نہیں تھے اور اس کو مسلمانوں کے مفادات میں نقصان دہ گردانتے ہوئے انھوں نے Two Nation Theory پیش کیا اور یکسو ہو کر مسلمانوں کے مفادات کے لیے کام کرنے کی ٹھانی۔ اس طرح ان کو Father of Two Nation Theory بھی کہا جانے لگا۔ وہ کانگریس کے ساتھ ساتھ دادا بھائی نوروجی کے Economic Drain Theory کے بھی مخالف تھے۔

☆۱۸۸۸ میں انھوں نے کانگریس کی مخالفت اور اینگلو۔ مسلم رشتے کو تقویت بخشنے کی غرض سے United India Patriotic Association نامی تنظیم قائم کی۔

☆۱۸۸۸ میں ہی ان کو انگریزی حکومت کی جانب سے "سر" (Knighthood) کا خطاب ملا۔

☆ ۱۸۹۳ میں انھوں نے Mohammadan Anglo Oriental Defenence Association of Upper India کا قیام کیا جس کی رکنیت صرف مسلمانوں اور انگریزوں کو ہی ملتی تھی۔

☆۱۸۹۵ میں انھوں نے Mohammadan Educational Congress / Mohammadan Anglo Oriental Educational Conference قائم کیا تھا۔

بہت افسوس کے ساتھ یہ کہنا پڑ رہا ہے کہ اس عظیم ہستی کا انتقال ۱۸۹۸ میں ہوا اور وہ اس دار فانی سے ہمیشہ کے لیے رخصت ہو گئے۔ ان کی موت ہندستانیوں کے لیے ایک بہت بڑا خسارہ تھا۔ ان کو خراج عقیدت پیش کرتے ہوئے علامہ اقبال لکھتے ہیں کہ:

ہزاروں سال نرگس اپنی بے نوری پہ روتی ہے
بڑی مشکل سے ہوتا ہے چمن میں دیدہ ور پیدا

☆ ۲۰۲۰ میں ہمارے ملک کے موجودہ وزیر اعظم جناب نریندر مودی صاحب نے علی گڑھ مسلم یونی ورسٹی کے صد سالہ تقریب کے موقع پر ہندستانی حکومت کی جانب سے ایک Postage Stamp جاری کیا اور سر سید احمد خان کو خراج عقیدت پیش کیا۔

سر سید احمد خاں کی پوری زندگی کا اگر ہم جائزہ لیں تو ہمیں یہ سبق ملتا ہے کہ انھوں نے تعلیم کے حصول پر پوری توجہ دی تھی۔ حصول علم کو اسلام میں بہت خصوصی اہمیت حاصل ہے۔ قرآن کی پہلی وحی کا نزول بھی لفظ اقراء سے ہوا ہے جس کا معنی ہوتا ہے "پڑھو"۔ علم کو مومن کی گم شدہ میراث بتایا گیا ہے۔ علم نافع کے حصول اور علم میں اضافہ کی دعا قرآن و حدیث کے ذریعہ مسلمانوں کو سکھائی گئی ہے۔ جہاں علم ہوتا ہے وہاں دولت اور شہرت بھی ہوتی ہے۔

اس ضمن میں حضرت سلیمان کا واقعہ مشہور ہے کہ اللہ کی طرف سے ان کو دولت، شہرت اور علم میں سے کسی ایک کو چننے کا اختیار دیا گیا تو انھوں نے علم کو چن کر علم، دولت اور شہرت کو اپنے دامن میں سمیٹ لیا تھا۔ انھی وجوہات کی بنا پر سر سید احمد خان مسلمانوں کے اندر تعلیمی بیداری لانا چاہتے تھے۔

آج کے دور میں بھی سچر کمیٹی کی رپورٹ کے مطابق مسلم قوم Education and Employment کے میدان میں دوسری قوموں سے بہت پیچھے ہے۔ اگر اپنی حالات میں بہتری لانی ہے، پس ماندگی سے باہر نکلنا ہے تو تعلیم کا دامن مضبوطی کے ساتھ تھام کر ملک و ملت کی خدمت انجام دینی ہوگی۔

* * *

سر سید احمد خاں، تعلیمی مشن کے علمبردار

ڈاکٹر سید احمد قادری

سر سید نے ایک بڑی اور معیاری یونیورسٹی کا جو خواب کبھی دیکھا تھا، اس خواب کی تعبیر بلاشبہ ہمارے سامنے علی گڑھ مسلم یونیورسٹی کی شکل موجود ہے۔ ہاں یہ ضرور ہے کہ بدلتے وقت اور حالات یا یوں صاف صاف کہا جائے کہ بعض متعصب سیاست دانوں کے باعث عہد حاضر میں اسے وہ وسعت اور فروغ حاصل نہیں ہو پا رہا ہے جو مسلمانوں کی آبادی کے تناسب میں ہونا چاہئے تھا۔ یہی وجہ ہے آج افسوس کرتے ہوئے یہ بات کہی جا رہی ہے کہ کاش مغل حکمراں، اس ملک کے اندر بڑی بڑی تاریخی عمارتوں کی بجائے اپنے عہد میں سر سید کی طرح مدارس، درس گاہ یا دانش گاہوں کی تعمیر کراتے، تو اس وقت یہاں کے مسلمان جس طرح تعلیم کے معاملے بہت پیچھے چھوٹتے جا رہے ہیں، شائد ایسا نہ ہوتا۔ ایسے حالات میں سر سید کی ایسی شاندار کوششوں کی جتنی تعریف کی جائے اور جس قدر شکر گزار ہوا جائے، وہ کم ہے۔ یہ بات روز روشن کی طرح عیاں ہے کہ سر سید احمد خاں نے بھارت کے مسلمانوں کو بہتر تعلیم کی جانب متوجہ کرانے کی ہر ممکن کوشش کی اور پوری طرح کامیاب رہے۔ اس اہم مقصد کے حصول کے لئے وہ تحریر و تقریر کے ساتھ ساتھ عملی میدان میں ایک بڑی تعلیمی تحریک لے کر اترے اور تمام تر مخالفتوں کے باوجود سخت جد وجہد سے ایسے کارہائے نمایاں انجام دئے، جن کی بدولت

ملک کے مسلمانوں میں تعلیم کا رجحان بڑھا اور وہ نہ صرف باوقار زندگی گزارنے کے لائق ہوئے بلکہ اپنے تشخص اور پہچان بنانے میں بھی کامیاب ہوئے اور ہو رہے ہیں۔ سر سید احمد خاں کی اس عظیم دانش گاہ سے کیسی کیسی اہم اور معتبر شخصیات نے سیاسی، سماجی، سائنسی، صحافتی، ادبی، کھیل کود اور فلموں کے میدان میں قابلیت وصلاحیت سے شناخت قائم کی، ایسی شخصیات کی بہت لمبی فہرست مرتب کی جاسکتی ہے۔

سر سید کا قائم کردہ ایک سو چالیس سالہ اس قدیم تعلیمی ادارہ علی گڑھ مسلم یونیورسٹی کی اپنی ایک شاندار تاریخ ہے۔ اس کے ماضی کے اوراق کو پلٹیں تو ہمیں یہ معلوم ہوگا کہ مغل حکومت کا خاتمہ، ان کی پسپائی، انگریزوں کا بڑھتا تسلط اور ان انگریزوں کا، خاص طور پر ملک کے مسلمانوں پر جبر واستبداد، اس دور کے لئے لمحۂ فکریہ تھا۔ یہاں کے مسلمانوں کے حوصلہ، جرأت، ہمت، وقعت اور عزت وناموس کو انگریزوں نے پارہ پارہ کر دیا تھا۔ ایسے حوصلہ شکن اور ناگفتہ بہ حالات کا مقابلہ کس طرح کیا جائے۔ ان کا تدارک کن نہج پر ہو۔ ان امور پر امت مسلمہ کے لئے درد رکھنے اور فکر کرنے والے دانشور، مدبر اور محب وطن پریشان تھے اور وہ اپنے اپنے افکار وخیالات کے ساتھ ساتھ سامنے آئے۔ ان میں سر سید احمد خاں کا نام نمایاں تھا۔ ان کے دل ودماغ میں انسانی درد اور فلاح امت مسلمہ کا جزبہ بھرا ہوا تھا اور وہ ملک کے مسلمانوں کے مستقبل کے لئے بے حد فکر مند تھے۔ بھارت کے مسلمانوں کے بہتر اور شاندار مستقبل کے لئے کچھ کر گزرنے کے لئے وہ بے چین تھے۔ سر سید کی دور اندیش نگاہیں دیکھ رہی تھیں کہ اگر یہی نامساعد حالات رہے تو یہاں کے مسلمانوں کا مستقبل کیا ہوگا۔ اس فکر کے تحت وہ مسلمانوں کے لئے عصری تعلیمی مشن کو لے کر عملی میدان میں کود پڑے اور بہت ساری مخالفتوں کے باوجود وہ اپنے تعلیمی مشن کو لے کر آگے بڑھتے گئے۔ لیکن جس طرح سے

اس زمانے میں ان کے اس تعلیمی مشن کی مخالفت ہو رہی تھی اس وقت سر سید کے ذہن میں یہ خیال ابھرا کہ عوام تک اپنے اس تعلیمی مشن کے افکار و خیالات کی دور تک رسائی کے لئے بہترین ذریعہ صحافت ہو سکتی ہے۔ چنانچہ انھوں نے اپنے خواب کو شرمندۂ تعبیر کرنے کے لئے خار دار اور پر خطر راستے کا انتخاب اپنے ابتدائی دور میں ہی کیا اور بھارت کے مسلمانوں کو تعلیمی، معاشرتی اور تہذیبی طور پر ایک مکمل اور بہتر طرز زندگی کی جانب راغب کرانے کے اور ان کی معاشی بدحالی دور کرنے، سیاسی و سماجی شعور پیدا کرنے اور سماجی پسماندگی ختم کرنے کے ساتھ ساتھ ان کے کھوئے ہوئے وقار و عظمت کو بحال کرنے کے مقصد کے تحت انھوں نے اپنے مشن کو کامیاب بنانے کے لئے صحافت کا بھی سہارا لیا۔

ہم اس تلخ حقیقت سے انکار نہیں کر سکتے کہ کوئی بھی شخص جب کوئی بڑے منصوبہ اور مقصد کو عملی جامہ پہنانے کا ارادہ کرتا ہے تو اسے بہت سارے مسائل سے نبرد آزما ہونا پڑتا ہے۔ اپنے ان خاص مقاصد کے حصول کے لئے سر سید نے جنوری ۱۸۶۴ء میں "سائنٹفک سوسائیٹی" غازی پور میں قائم کی۔ پورے دو سال تک اپنی سرگرمیوں کا بڑھانے کے بعد ۱۸۶۶ء میں اسی نام سے ایک اخبار علی گڑھ سے جاری کیا۔ چونکہ سر سید کو انگریزی اور اردو کو ساتھ لے کر چلنا تھا اور دونوں ہی زبان کے لوگوں کو مخاطب کرنا تھا، اسی لئے اس کا دوسرا نام "علی گڑھ انسٹی ٹیوٹ" رکھا۔ اس میں ایک کالم اردو اور دوسرا انگریزی میں ہوتا تھا ابتدا میں یہ ہفتہ وار تھا، لیکن بعد میں یہ سہ روزہ ہو گیا۔

اس طرح اب ہم یہ بات پورے وثوق سے کہہ سکتے ہیں کہ سر سید نے تعلیمی، سماجی، اور معاشرتی تبدیلی کا سفر صحافت سے کیا اور ایک طرف جہاں انھوں نے اپنے گہرے مطالعہ و مشاہدہ اور تجربہ سے اردو صحافت میں گرانقدر اضافے کئے، وہیں دوسری جانب

سر سید کو اردو صحافت نے ان کے مقاصد کے حصول اور ان کے افکار و نظریات کی تبلیغ و ترسیل کے لئے راہ ہموار کیا۔ سر سید نے اپنے دونوں اخبارات میں ہمیشہ تعلیمی مسئلے کو فوقیت دی۔ جس کے بین ثبوت ان کے وہ ادارئے ہیں۔ جن میں انھوں نے بڑے خوبصورت اور سلیس انداز میں اپنی باتوں کو پیش کرتے ہوئے لوگوں کے دل و دماغ تک پہنچنے کی کامیاب کوشش کی۔ اس کی چند مثالیں دیکھئے

"افسوس ہے کہ بنگالہ کے مسلمانوں نے جو تدبیر مسلمانوں کی ترقی کی اختیار کی ہے۔ اس سے ہم کو اختلاف کلی ہے۔ ان کی تدبیر، جس پر وہ مختلف طریقوں سے زور دے رہے ہیں۔ یہ ہے کہ گورنمنٹ کی مسلمانوں کے لئے خاص رعایت مبذول ہو۔ سابق میں بھی اس مطلب سے انھوں نے بہت زبردست درخواست پیش کی تھی، اور حال میں نواکھالی کے مسلمانوں نے اس قسم کی درخواست پیش کی ہے۔ ہم اس تدبیر کو پسند نہیں کرتے ہمارا اصول "سلف ہیلپ" پر مبنی ہے۔ ہم چاہتے ہیں مسلمان خود اپنی ترقی کے لئے آپ کوشش کریں"۔

(Eminent Mussalmans, Page-15)

"میری یہ سمجھ ہے کہ ہندوستان میں دو قومیں ہندو اور مسلمان ہیں اگر ایک قوم نے ترقی کی اور دوسری نے نہ کی تو ہندوستان کا حال کچھ اچھا نہیں ہونے کا۔ بلکہ اس کی مثال ایک کانڑے آدمی کی سی ہوگی۔ لیکن اگر دونوں قومیں برابر ترقی کرتی جاویں تو ہندوستان کے نام کو بھی عزت ہوگی اور بجائے اس کے کہ وہ ایک کانڑی اور بڈھی بال بکھری، دانت ٹوٹی ہوئی بیوہ کہلاوے، ایک نہایت خوبصورت، پیاری دلہن بن جاوے گی"۔

(اخبار 'سائنٹفک سوسائٹی، علی گڑھ، ۳جون ۱۸۷۳ء)

"جو تعصبات کہ آپس کی محبت اور ارتباط کے مخل ہوتے ہیں ان کو دور کرے

اوران کے دلوں میں ایسا عمدہ کرے کہ وہ تمام قوم جسمانی بلکہ روحانی بھلائی و بہبودی کے بڑے بڑے کاموں میں اپنے آپ کو بھائی بھائی سمجھیں"۔

(سائنٹفک سوسائیٹی، علی گڑھ، ۱۹اپریل ۱۸۶۷ء)

ان اداریوں کے یہ اقتباسات سر سید کی ذہانت، دانشوری، دوراندیشی اور ان کے نظریات و خیالات کے مظہر ہیں اور ہر اداریہ ایک طویل تشریح و تفسیر کا متقاضی ہے۔ سر سید نے بھارت کے مسلمانوں کو کامل درجہ کی تہذیب اختیار کرنے، ان کا شمار دنیا کی معزز اور مہذب قوموں میں کرانے کے خاص مقصد کے تحت ۲۴ دسمبر ۱۸۷۵ء سے ایک رسالہ بھی نکالا تھا۔ اس کے بھی دو نام تھے، اردو میں "تہذیب الاخلاق" اور انگریزی میں "دی محمڈن سوشلر یفارمر"۔ ان رسالوں کے مختلف شماروں میں ایسے ایسے اہم، بامقصد اور موثر مضامین شائع ہوئے کہ بعض ناعاقبت اندیشوں کی نیندیں حرام ہونے لگیں اور "تہذیب الاخلاق" کی بڑھتی ہوئی مقبولیت اور کامیابی کی جانب بڑھتے ہوئے سر سید کے قدم نے قدامت پسند لوگوں اور سر سید کے مخالفوں کو بے چین کر دیا اور سر سید کی رہنمائی میں بڑھتے کارواں کے سامنے انھیں اپنا وجود خطرہ میں نظر آنے لگا تھا۔ لیکن الطاف حسین حالی جیسی جید شخصیت، جو سر سید کی تحریر و تحریک کی بڑی مداح تھی۔' انھوں نے 'تہذیب الاخلاق" کی اشاعت کے بعد اس کی بڑھتی مقبولیت اور مخالفت کو دیکھتے ہوئے لکھا تھا کہ 'اس کی اشاعت کا سب سے بڑا نتیجہ یہ ہے کہ "محمڈن اینگلو اورینٹل کالج" قائم ہو گیا، جو آج تعلیم کا سب سے بڑا مرکز بن کر 'علی گڑھ مسلم یونیورسٹی' کے نام سے ہمارے سامنے ہے'۔

اس مختصر جائزہ کے بعد ہم یہ کہہ سکتے ہیں کہ سر سید نے علی گڑھ مسلم یونیورسٹی قائم کر بھارت کے مسلمانوں کے اندر تعلیمی صلاحیت اور لیاقت پیدا کر، نہ صرف تعلیمی

میدان میں کامیاب ہونے بلکہ سماجی، سیاسی اور معاشرتی و تہذیبی اقدار کو سمجھنے اور عمل کرنے کا رجحان بھی پیدا کیا ہے۔ یہ سر سید کی ہی دین ہے ملک کے کئی گوشوں میں سیر سید کی طرز پر تعلیمی مراکز کا قیام عمل میں لا کر مسلمانوں کو تعلیم کے زیور سے آراستہ کر، ان کے اندر خود اعتمادی اور زندگی کے مختلف شعبوں میں کامیابی حاصل کرنے کا حوصلہ پیدا کیا جا رہا ہے۔ جو دِل یزداں میں کانٹے کی طرح کھٹک رہا ہے۔ سر سید کی قائم کردہ یونیورسٹی نے جس طرح یہاں کے مسلمانوں کو تعلیمی، سماجی، معاشرتی اور سیاسی شعور اور فہم وادراک پیدا کر باوقار زندگی گزارنے کا جو حوصلہ دیا ہے۔ اس سے بعض متعصب او رفرقہ پرست لوگوں کی پریشانیاں بڑھی ہوئی ہیں۔ اس یونیورسٹی کی مخالفت وہی لوگ زیادہ کر رہے ہیں، جو منظم اور منصوبہ بند سازش کے تحت یہاں کے مسلمانوں کو حاشیہ پر ڈال کر انھیں تعلیمی، سماجی، معاشی اور سیاسی طور پر بے وقعت اور بے دست وپا کرنا چاہتے ہیں۔ لیکن مجھے یقین ہے کہ سر سید کا تعلیمی مشن کبھی ختم نہیں ہو گا اور سر سید کے تعلیمی مشعل کی روشنی دور بہت دور تک نسل در نسل پہنچتی رہے گی، جن سے امت مسلمہ ہمیشہ فیضیاب ہوتے رہینگے اور سر سید کے دیکھے ہوئے خواب کی نئی نئی تعبیریں سامنے آتی رہینگی۔

***

سر سید کے تعلیمی تصورات اور تعلیم نسواں
حدیثہ افضل

سر سید جیسی معتبر اور قد آور شخصیت محتاج تعارف نہیں۔ وہ انیسویں صدی کے ایک عظیم مفکر، محقق، دانشور اور ان سب سے بڑھ کر مصلح قوم تھے۔ سر سید نے ۱۸۵۷ء کے المناک حادثات کے بعد مسلمانان ہند کو زبوں حالی کا شکار ہوتے ہوئے دیکھا تھا۔ قوم کے اس ہمدرد نے مسلم قوم کو اس پستی سے نکالنے کے لئے اپنا تن، من، دھن سب کچھ لٹا دیا۔ جاننے والے جانتے ہیں کہ سر سید نے زندگی کے بیشتر شعبوں کا انتہائی گہرائی سے مطالعہ کیا تھا۔ اس مطالعہ کی روشنی میں انہوں نے پایا کہ کامیاب زندگی بسر کرنے کے لیے تعلیم کا حاصل کرنا ضروری ہے۔ اسی لئے انہوں نے مسلمانوں کو عصری علوم حاصل کرنے کی ترغیب دی، کیونکہ تعلیم کی کمی کی وجہ سے بہت سی خرابیاں اس قوم کی ترقی کی راہ میں رکاوٹ بنی ہوئی تھیں۔ ان سب کے علاوہ سر سید نے اس بات پر زور دیا کہ اس وقت مسلمان خود کو سیاست میں ڈھکیلنے کے بجائے اپنی تمام تر توجہ تعلیم کی طرف مرکوز کریں اور دوسری ترقی یافتہ اور مہذب قوموں کی طرح خود کو کامیابی سے ہم کنار کریں۔ یہی نہیں بلکہ انھوں نے مسلمانوں میں پائی جانے والی غلط رسومات اور مذہبی اوہام کے خلاف بھی اپنی آواز بلند کی اور اصلاح کا بیڑہ اٹھایا، تاکہ قوم کو احساسِ کمتری کا شکار نہ ہونے دیا جائے۔

سرسید نے جب جدید تعلیمی تحریک شروع کی اور اپنی اسلامی اقدار اور مشرقی روایات کو برقرار رکھتے ہوئے مسلم قوم کو جدید علوم سیکھنے کی طرف راغب کیا تو انھیں بہت سی مخالفتوں کا سامنا کرنا پڑا۔ ان کو نیچری، انگریزوں کا پٹھو اور کافر وغیرہ القاب سے نوازا گیا۔ دراصل اس عہد میں مسلمانوں کو اس بات کا خدشہ تھا کہ انگریزی تعلیم حاصل کرنے سے ہم اپنے مذہبی عقائد سے دور ہو جائیں گے۔ جبکہ ایسا بالکل نہیں تھا بلکہ سرسید جدید تعلیمی نظام کے تحت خوابیدہ ذہنوں کو بیدار کرنا چاہتے تھے اور مسلمانان ہند کو پستی سے نکال کر باوقار و بلند مرتبہ دلانا چاہتے تھے۔ اس حوالے سے محمد قمرالدین نانپوری اپنے مضمون "تعلیم نسواں سرسید کے حوالے سے" میں یوں رقمطراز ہیں:

"سرسید احمد خاں تعلیم و تربیت کے میدان میں بہت ہی وسیع و جامع تصور رکھتے تھے اور اسے کسی دائرے میں محدود کرنے کے قائل نہ تھے، ان کی نظر میں تعلیم کا خاص مقصد انفرادی و قومی زندگی کی تعمیر اور معاشرتی و ثقافتی ترقی کا حصول تھا۔۔ یہی وجہ ہے کہ انھوں نے مختلف مواقع پر بہت ہی صاف لفظوں میں اس حقیقت کو واشگاف کیا کہ کسی بھی قوم کا تنزل دور کرنے کا واحد راستہ یہ ہے کہ اس قوم میں تعلیم کو فروغ دیا جائے اور اہل قوم کو اس سے مزین کیا جائے۔"۱؎

یوں دیکھا جائے تو سارا ملک ہی جہالت کی تاریکی میں ڈوبا ہوا تھا لیکن مسلمان قوم میں تعلیم سے دوری کا احساس کچھ زیادہ ہی تھا کیونکہ جب سرسید نے اپنے تعلیمی مشن کا آغاز کیا تو اس سے تقریباً پچاس برس قبل راجہ رام موہن رائے ہندوؤں میں تعلیمی تحریک اور ان میں سماجی و معاشرتی بیداری لانے کے لئے قابل قدر کوشش کر چکے تھے۔ اپنے اس اصلاحی مشن کو برقرار رکھتے ہوئے انھوں نے ناقابل فراموش کارنامے انجام دیے۔ یوں تو اس مشن کے آغاز میں موہن رائے کو بھی ہندوؤں کے اعلیٰ طبقہ کی طرف سے

بہت سی مخالفتوں کا سامنا کرنا پڑا لیکن بہت جلد ایک بڑی تعداد نے ان کے خیالات اور اثر و رسوخ کو قبول کرنا شروع کر دیا اور تعلیم کے لئے راہیں ہموار ہوتی گئیں۔ لیکن مسلمان قوم اب بھی تعلیم کے سلسلے میں علاحدگی اختیار کیے ہوئی تھی اور دن بہ دن یہ خلیج بڑھتی ہی جارہی تھی لیکن سرسید جیسی جامع شخصیت نے قوم کی اس بدحالی کو دور کرنے کے لئے کئی تعلیمی ادارے اور انجمنیں قائم کیں اور ان کے ذریعے اپنی کوششوں کو عملی جامہ پہنایا نیز اپنی تحریروں اور تقریروں کے ذریعے ان کے خوابیدہ ذہنوں کو جھنجھوڑنے کا کام کیا اور قوم کی ترقی کے لئے ذہنی آزادی کو بھی لازمی عنصر قرار دیا۔

سرسید پر عام طور سے یہ اعتراض کیا جاتا ہے کہ وہ جس طرح سے مردوں یا نونہالانِ قوم کی تعلیم کے لئے فکر مند تھے ویسی کوشش اور فکر عورتوں کے تئیں ان کی نہیں تھی۔ یہ بات کسی حد تک درست بھی ہے، لیکن یکسر اس کے منحرف تھے، غلط بلکہ بہتان تراشی سے عبارت ہے۔ وہ اس لیے کہ سرسید قوم کے عظیم رہنما تھے اور قوم کی ترقی کے لئے انھوں نے مردوں کے ساتھ ساتھ عورتوں کے حقوق اور تعلیم کے لئے بھی آواز بلند کی۔ جہاں انھوں نے مسلمان قوم کی فلاح و بہبودی کے لئے عملی کوششیں کیں، وہیں دوسری طرف انھوں نے خواتین کی معاشرتی زندگی کی خرابیوں کو دور کرنے کے لئے جدوجہد کی اور حقوقِ اسلام کی روشنی میں اس بات پر زور دیا کہ مرد عورتوں کے تئیں سنجیدگی اختیار کریں اور ان کے حقوق کی پاسبانی کریں۔ سرسید کی یہ دلچسپی صرف مسلم معاشرے کی عورتوں تک ہی محدود نہیں رہی بلکہ انھوں نے غیر مسلم خواتین کی گھریلو و معاشرتی زندگی کا بھی جائزہ لیا اور خواتین کے تئیں سماج میں پھیلی ہوئی برائیوں کو دور کرنے لئے اپنی عملی سرگرمیوں کے ذریعہ اہل ہند کو متوجہ کیا۔

سرسید نے عورتوں کے سماجی و معاشرتی حقوق اور بے جا رسومات کے خلاف آواز

بلند کی، جس کی وجہ سے سماج میں خواتین کی زندگی اجیرن بنی ہوئی تھی۔ سر سید نے خواتین کی فلاح و بہبودی کے مسائل کو حل کرنے کی بھرپور سعی کی۔ اپنے متعدد مضامین اور تقریروں کے ذریعے ان کے مسائل پر اظہار خیال کیا۔ انھوں نے بیوہ عورتوں کے نکاح ثانی کی حمایت کی، حالانکہ اعلیٰ ذات کے ہندوؤں میں بیواؤں کی دوبارہ شادی کرنے کو معیوب سمجھا جاتا تھا لیکن مسلمانوں کا ایک بڑا طبقہ بھی اس سے متاثر ہوا۔ اس سلسلے میں سر سید نے باقاعدہ ایک مضمون "بیوہ عورتوں کا نکاح نہ کرنے کا نتیجہ" کے عنوان سے تحریر کیا اور اسلامی قوانین کی روشنی میں یہ حقیقت واضح کی کہ مذہب اسلام نکاحِ بیوگان کی نہ صرف اجازت دیتا ہے بلکہ بیواؤں کے تئیں حسنِ سلوک کا بھی درس دیتا ہے۔

جیسا کہ میں نے ذکر کیا کہ سر سید کو جدید تعلیم کی ترغیب کی وجہ سے مسلمانوں کے ایک بڑے طبقہ کی جانب سے مخالفتوں کا سامنا کرنا پڑا تھا۔ یہاں تک کہ مولویوں نے فتویٰ جاری کیا کہ انگریزی تعلیم حاصل کرنا کفر ہے۔ اب ایسے وقت میں جبکہ لڑکوں کے تعلیم حاصل کرنے کے ہی لالے پڑے ہوئے تھے، تو سر سید لڑکیوں کی تعلیم کا معاملہ اٹھا کر اپنے تعلیمی مشن کو خطرے میں نہیں ڈالنا چاہتے تھے۔ وہ تعلیم کا بہت ہی وسیع تصور رکھتے تھے اور لڑکیوں کی تعلیم کے دل سے خواہاں تھے نیز تعلیم نسواں کو قوم کی ترقی کے لئے ضروری خیال کرتے تھے۔ تعلیم نسواں سے متعلق سر سید اپنے خیالات کی ترجمانی اور لڑکیوں کی تعلیم کے خلاف الزامات کا جواب دیتے ہوئے ایک تقریر میں فرماتے ہیں:

"یہ الزام کہ میں عورتوں کی تعلیم سے کنارہ کش ہوں محض غلط ہے۔ وہ یہ نہیں سمجھتے کہ میری رائے میں عورتوں کی تعلیم کا ذریعہ مرد ہوں گے۔ اگر مردوں کی تعلیم نہ ہو تو نہ استانیاں ہونگی نہ کوئی سامان عورتوں کی تعلیم کا ہوگا۔ جب مرد لائق ہو جائیں گے سب ذریعہ پیدا کرلیں گے۔ گھر کی عورتیں بھی لائق ہو جاویں گی اور استانیاں بھی پیدا ہو

جاویں گی۔"۲۔

سر سید کے تعلیم نسواں سے متعلق تصورات اور سرگرمیوں کی وضاحت کے لئے درج ذیل نکات کو پیش نظر رکھنا ضروری ہے۔

ا۔" مذہبی ماحول میں پرورش وپرداخت اور وقت کے اکابر علماء کی حاشیہ نشینی کی بدولت انھیں ایمان و اسلام سے گہری وابستگی تھی۔ وہ محض پردے کے قائل ہی نہیں بلکہ مداح ونقیب بھی تھے۔

۲۔ مرد اور عورت دونوں ہی تعمیر معاشرہ کے ذمہ دار ہیں۔ اس لیے مطلوبہ صلاحیتوں کو جلا دینے کے لئے دونوں ہی مکلف ہیں۔ ہاں مردوں کی تعلیم وتربیت کو اس لحاظ سے فوقیت حاصل ہے کہ اگر یہ لوگ زیورِ تعلیم سے آراستہ ہو جائیں تو عورتوں کو اس مقدس مشن میں بآسانی مصروف عمل رکھا جاسکتا ہے۔

۳۔ عورت کی مخصوص فطرت، اس کی حیثیت اور اس کے تقاضوں کے مطابق تعلیم اشد ترین ضرورت ہے، لیکن روحانیت وہ مرکزی جوہر ہے جس کے بغیر وہ اپنی مخصوص ذمہ داریوں سے عہدہ بر نہیں ہو سکتی اس طرح وہ کامیابی کی شاہراہ سے دور ہو جاتی ہے اور معراج انسانیت سے ہمکنار نہیں ہو پاتی۔"۳۔

سر سید نے جب مختلف تجربات پر غور وفکر کرنے کے بعد یہ نتیجہ اخذ کیا کہ قوم کو ذلت و پستی سے نکلنے کے لئے جدید تعلیم حاصل کرنا اشد ضروری ہے تو انھوں نے اس دور کے تعلیمی نظام کا بھی بغور مطالعہ کیا اور اپنے ارادوں کو عملی جامہ پہنانے کے لئے جی جان سے جٹ گئے۔ انگلستان کے سفر کے دوران انھوں نے جہاں زندگی کے دیگر مظاہر کو دیکھا، وہیں یوروپین خواتین کی حالت کو دیکھکر بیحد متاثر ہوئے کہ کس طرح یہ خواتین مردوں کے دوش بدوش زندگی کے کاروبار میں ان کا ہاتھ بٹا رہی ہیں۔

سفر لندن کے دوران سر سید بالخصوص اپنے ملک و قوم کی خواتین کی پسماندہ حالت کو لے کر زیادہ فکر مند ہوئے کیونکہ مردوں سے بھی زیادہ عورتیں ابتری کا شکار تھیں۔ ایسے میں انھیں اپنے ملک کی عورتوں کی حالتِ زار کے بارے میں سوچ کر انتہائی دکھ ہوتا تھا۔ لکھتے ہیں:

"اگر ہندوستان میں کوئی عورت بالکل برہنہ بازار میں پھرنے لگے تو ہمارے ہم وطنوں کو کیسا تعجب اور کس قدر حیرت ہوگی بلا مبالغہ یہ مثال ہے کہ جب یہاں کی عورتیں یہ سنتی ہیں کہ ہندوستان کی عورتیں پڑھنا لکھنا نہیں جانتیں اور حلیہ تربیت اور زیور تعلیم سے بالکل برہنہ ہیں تو ان کو ایسا ہی تعجب ہوتا ہے اور کمال نفرت اور کمال حقارت ان کے خیال میں گذرتی ہے۔"[۱۴]

سفر انگلستان کے دوران بڑودہ دخانی جہاز میں سر سید کی ملاقات مس میری کارپینٹر سے ہوئی، جو برسٹل کی رہنے والی تھیں۔ مس کارپینٹر نے تعلیم نسواں کے فروغ کے سلسلے میں مختلف اوقات میں ہندوستان کا دورہ کیا تھا۔ انہوں نے کلکتہ و بمبئی میں لڑکیوں کے لئے نارمل اسکول بھی قائم کیے تھے۔ سر سید مس کارپینٹر سے مل کر ان کی شخصیت اور کام سے بہت خوش ہوئے۔ خواتین کی تعلیم کے سلسلے میں مس کارپینٹر کی سرگرمیوں کو سراہتے ہوئے سر سید نے ان کی نوٹ بک میں اپنے تاثرات کا اظہار ان الفاظ میں کیا:

"ان (مس کارپینٹر) کی عالی ہمتی اور بلند نظری اور تہذیب، اخلاق اور نیک نیتی کا مثبت خود وہی مضمون ہے جو انھوں نے اختیار کیا ہے یعنی اس گروہ کی تعلیم میں جس کو خدائے تعالیٰ نے مرد کے لئے بطور دوسرے ہاتھ کے بنایا ہے۔۔۔ بہر حال میں خدا سے چاہتا ہوں کہ مس کارپینٹر صاحبہ کی کوشش کامیاب ہو اور ہندوستان میں کیا مرد کیا عورت سچائی اور علم کی روشنی سے جو دونوں اصل میں ایک ہیں روشن ضمیری حاصل

کریں۔"۵۔

سر سید نے جب انگلستان کا دورہ کیا تو ایسی خواتین کو دیکھکر بیحد متاثر ہوئے جو حسنِ اخلاق، بہترین طرزِ معاشرت اور اعلیٰ قسم کے زیورِ تعلیم سے آراستہ تھیں اور زندگی کے تقریباً تمام شعبوں میں مردوں کے شانہ بشانہ سرگرمِ عمل دکھائی دیں۔ انگلستان کے سفر کے دوران ایک مسلم آیا کی طرزِ زندگی کا ذکر کرتے ہوئے لکھتے ہیں:

"اس کا نام نصیباً تھا جو کانپور کی رہنے والی پٹھان تھی۔ اس کا بیان ہے کہ وہ اکیسویں مرتبہ یوروپ آئی ہے۔ ہمیشہ انگریزوں اور ان کے بچوں کو ٹھیکہ پر ولایت پہنچانے آتی ہے اور پہنچا کر چلی جاتی ہے۔ انگریزی بخوبی بولتی ہے۔ انگلینڈ، آئرلینڈ، فرانس، پرتگال اور دیگر مقامات اس نے دیکھے ہیں۔ سر سید نے اس کو دیکھکر کہا کہ "وہ بھی سوئز نہر سے کچھ کم عجیب نہیں" اور دل ہی دل میں کہا کہ "شاباش تو تو مردوں سے بھی اچھی ہے۔"٦۔

لندن میں اپنے سترہ (١٧) ماہ کے قیام کے دوران سر سید جہاں انگریز خواتین کی تعلیم و تربیت کے دلدادہ نظر آئے، وہیں مصر اور ترکی کی مسلم خواتین کی تہذیب و شائستگی پر باغ باغ ہو جاتے ہیں۔ مصر کی ایک مسلمان لڑکی کے بارے میں تحریر کرتے ہیں:

"روم اور مصر دونوں میں روز بروز تعلیم کی ترقی ہے، عورتیں بھی روز بروز بہت زیادہ پڑھی لکھی ہوتی جاتی ہیں۔ مصر کی ایک مسلمان لڑکی کا میں نے حال سنا ہے کہ سوائے عربی زبان کے جو اس کی اصل زبان ہے اور جس میں وہ نہایت فصاحت سے لکھتی پڑھتی ہے۔ فرنچ زبان بھی نہایت خوب بولتی ہے اور لیٹن اس قدر جانتی ہے کہ جو مضمون یا شعر اس کے سامنے رکھا جائے اس کو پڑھ لیتی ہے اور مضمون سمجھ لیتی ہے۔"٧۔

سر سید جب تک لندن میں رہے وہ قوم کی ترقی کے منصوبے بناتے رہے۔ انھوں نے لندن میں اسپیکٹیٹر اور ٹیٹلر کا مطالعہ بھی کیا۔ انھیں دو رسالوں سے متاثر ہو کر انھوں نے ۱۸۷۰ء میں تہذیب الاخلاق شائع کیا۔Spectator اور Tatlor وہ جریدے تھے جن کی اشاعت نے لندن کے جامدِ نظامِ حیات میں ہلچل مچادی اور اخلاقی، تعلیمی اور سماجی حیثیت سے اصلاح کا کام کیا۔ اٹھارہویں صدی تک انگلینڈ ذہنی اور تعلیمی حیثیت سے بہت پسماندہ تھا۔ اس زمانے میں عورتوں کی تعلیم مذموم سمجھی جاتی تھی۔ ان پرچوں نے تعلیم نسواں کی حمایت کی اور تمام سماجی برائیوں کا خاتمہ کرنے کی سعی بھی کی۔ خود سر سید تہذیب الاخلاق میں لکھتے ہیں کہ:

"اان پرچوں کے جاری ہونے سے انگریزوں کے اخلاق و عادات اور دین داری کو نہایت فائدہ پہنچا۔۔۔ اسی مضمون میں سر سید آگے لکھتے ہیں کہ: عورت کا پڑھا لکھا ہونا اس کی بدنامی کا باعث ہوتا تھا۔ اشرافوں کے جلسوں میں امورات سلطنت کی باتیں ہوتیں تھیں اور عورتیں آپس میں ایک دوسرے کی بدگوئی کیا کرتی تھیں۔ قسموں پر قسمیں کھانا اور خلاف تہذیب باتیں کرنا گویا ایک بڑی وضع داری گنی جاتی تھی۔ قمار بازی اور شراب خوری کی کچھ حد نہ تھی۔"۸؎

۱۸۸۸ء لاہور میں مسلم ایجوکیشنل کانفرنس کے تیسرے سالانہ جلسہ کا انعقاد کیا گیا۔ اس موقع پر سر سید تعلیمِ نسواں کے حوالے سے فرماتے ہیں:

" میں نے لندن میں اپنے دوستوں کی مہربانی سے ایسے زنانہ مدرسوں کو جہاں اشرافیاں لڑکیاں پڑھتی اور رہتی ہیں دیکھا ہے۔ آپ کو یقین دلاتا ہوں کہ جو حالت عمدگی، طمانیت اور تعلیم و تربیت ان مدرسوں میں ہے ہندوستان کو وہاں تک پہنچنے کے لیے ابھی سینکڑوں برس درکار ہیں۔"۹؎

سفر پنجاب کے دوران خاتونانِ پنجاب کے ذریعے سرسید کو جو ایڈریس پیش کیا گیا اس کا جواب دیتے ہوئے فرماتے ہیں:

"اے میری بہنو! میں اپنی قوم کی مستورات کی بہت زیادہ قدر کرتا ہوں۔ ہماری قوم کے مردوں نے اپنے باپ دادا کی بزرگی کو خاک میں ملا دیا ہے مگر خدا کے فضل سے تم میں ہمارے باپ دادا کے بزرگ نشان بدستور موجود ہیں۔ یہ سچ ہے کہ ہم مردوں میں شبلی اور جنید موجود نہیں مگر خدا کا شکر ہے کہ تم میں ہزاروں لاکھوں رابعہ بصری موجود ہیں۔" ۱۰؎

محمڈن ایجوکیشنل کانفرنس کے تیسرے سالانہ اجلاس میں تعلیمِ نسواں سے متعلق اپنے مقصد کو ان الفاظ میں واضح کرتے ہیں:

"اس وقت میں اس باب میں طویل گفتگو نہیں کرنا چاہتا۔ صرف یہ بات کہتا ہوں کہ ریزولیوشن میں زنانہ مدارس جاری کرنے کا ذکر نہیں ہے۔ بلکہ زنانہ مکتب کا ذکر ہے اور اس کے ساتھ یہ قید بھی ہیکہ جو مذہب اسلام اور طریقہء شرفائے اہل اسلام کے مطابق اور اس کے مناسب ہو۔ پس جب یہ قیدیں ریزولیوشن میں موجود ہیں تو اس کے منظور کرنے میں کوئی اعتراض نہیں ہو سکتا۔" ۱۱؎

تعلیم و تربیت اور حسن اخلاق وغیرہ سے متعلق سرسید کے افکار و نظریات کی عکاسی توقیر عالم فلاحی اپنے مضمون " تعلیم نسواں سے متعلق سرسید کا نقطہء نظر میں ان الفاظ میں کرتے ہیں:

"تربیت اخلاق تعلیم کی اصل روح ہے۔ سرسید کی تعلیمی تحریک کے جائزے میں یہ امر پیش نظر رکھنا چاہیئے کہ ان کے نزدیک وہ تعلیم مردہ جسم کی طرح ہے جو تربیت سے خالی اور اخلاق سے عاری ہو۔ یہی وجہ ہے کہ وہ لڑکوں کے لئے ایک ہاتھ میں فلسفہ

دوسرے ہاتھ میں نیچرل سائنس اور سر پر لاالہ الااللہ کے تاج کو شانِ امتیاز قرار دیتے ہیں اور لڑکیوں کے لئے ان کی مخصوص فطرت اور اس کے مطابق ذمہ داریوں کی انجام دہی کے پیش نظر خدا ترسی، وفا شعاری، شوہروں کی اطاعت و فرمانبرداری اور تربیت اولاد جیسی خصوصیات کو زیورِ نسوانیت سے تعبیر کرتے ہیں۔"۱۲۔

مندرجہ بالا اقتباسات اور سطور کے درون میں جھانک کر دیکھا جائے جائے تو وہ جہاں مردوں کی تعلیم کے قائل نظر آتے ہیں وہاں عورتوں کے حوالے سے ان کا یہ نظریہ ہے کہ وہ جدید تعلیم حاصل کرنے کے ساتھ ساتھ اپنی ذمہ داریوں کو بخوبی انجام دیں اور شوہر کے تئیں وفاداری اور تربیتِ اطفال کو اپنا فریضہ سمجھیں۔ وہ اس لئے کہ " وجود زن سے ہے تصویر کائنات میں رنگ"۔ یہی وجہ ہے کہ سر سید خواتین کے لئے ایسی تعلیم کے خواہاں تھے، جس میں خواتین پردہ کی پابندی کے ساتھ اپنی تعلیم پر خصوصی دھیان دیں۔ ایسا بھی نہیں ہے کہ یہ سلسلہ سر سید اور عہد سر سید سے شروع ہوتا ہے۔ دیکھا جائے یعنی ماضی پر نگاہ ڈالی جائے تو اس کا سلسلہ پنچ تنتر اور ہتوپدیش تک پہنچتا ہے۔

مصادر:

ا: محمد قمرالدین نانپوری: تعلیم نسواں سر سید کے حوالے سے، تہذیب الاخلاق اکتوبر ۲۰۰۵ جلد ۲۴ شمارہ ۱۰

۲۔ توقیر عالم فلاحی۔ بحوالہ سر سید کا اصلاحی مشن، ایجوکیشنل بک ہاؤس، علیگڑھ ص ۱۳۱

۳۔ توقیر عالم فلاحی: تعلیم نسواں سے متعلق سر سید کا نقطہء نظر، تہذیب الاخلاق ۱۹۹۹ء

جلد ۱۸ شمارہ ۱۰ ص ۶۷

۴۔ راحت ابرار: بحوالہ تعلیم نسواں کے سو سال، ایجوکیشنل پبلیشنگ ہاؤس، دہلی ۶

۲۰۱۱ء ص ۲۶

۵۔ ظفر الاسلام اصلاحی: سر سید اور عورتوں کی فلاح و بہبود کے مسائل، تہذیب

الاخلاق

۲۰۰۸ء، جلد ۲۷ شمارہ ۱۰ ص ۲۹

۶۔ راحت ابرا: بحوالہ مسلم تعلیم نسواں کے سو سال۔ ص ۲۴

۷۔ ایضاً

۸۔ ایضاً

۹۔ ایضاً

۱۰۔ سید اقبال علی، سر سید کا سفر نامہ پنجاب، مرتبہ شیخ محمد اسمعیل پانی پتی،

ایجوکیشنل

پبلیشنگ ہاؤس، دہلی۔ ۶ ص ۲۴۱

۱۱۔ توقیر عالم فلاحی: بحوالہ سر سید کا اصلاحی مشن۔ ایجوکیشنل بک ہاؤس، علیگڑھ

ص ۱۳۲

۱۲۔ توقیر عالم فلاحی: تعلیم نسواں سے متعلق سر سید کا نقطہ ء نظر، تہذیب الاخلاق،

اکتوبر ۱۹۹۹ء جلد ۱۱ شمارہ ۱۰ ص ۱۷

***

سرسید احمد خان کا نظریۂ تعلیم و تربیت

مجیب الرحمان شامی

سرسید احمد خان کی شخصیت اپنی زندگی میں بھی متنازعہ رہی اگرچہ ان کے مرنے کے بعد کئی دہائیوں تک ان کے بارے میں اہل علم و فن نے خاموشی اختیار کیے رکھی۔ درسی کتابوں میں بھی ان کے ایسے مضامین کو طلباء کے لیے پیش کیا جاتا رہا جن کا تعلق ان کے متنازعہ خیالات سے نہ تھا بلکہ یہ مضامین زیادہ تر عمومی زندگی کے موضوعات لیے ہوئے تھے۔ یہی وجہ ہے کہ پاکستان بننے کے بعد لوگوں کو ان کے بارے میں جو معلوم ہونا چاہیے تھا، وہ اس تناظر میں ان تک اہل علم و دانش نے نہیں پہنچایا اور ان کو زیادہ تر انگریز کا حمایتی اور جدید زندگی پرست شخصیت کے طور پر پیش کیا جاتا رہا۔ بہت کم ایسا ہوا ہے کہ کسی محقق نے ان کے نظریات کو سمجھ کر اس بات کا جائزہ لیا ہو کہ ان کی سوچ اپنے ہم عصروں سے الگ محض اس لیے نہیں تھی کہ وہ ان سے الگ نظر آنا چاہتے تھے۔ بلکہ اس کی وجہ ان کے وہ نظریات اور وژن تھا جس کا وہ نہ صرف اپنی تقریروں میں سر عام پر چار کرتے تھے بلکہ ان کے حصول کے لیے انہوں نے عملی طور پر کام کیا، تعلیمی اداروں کی بنیاد رکھی اور بار بار کہتے رہے کہ علی گڑھ صرف مسلمانوں کے لیے نہیں ہے، یہ ہندوستانیوں کے لیے ہے اور اس میں کسی بھی ذات، مذہب کا شخص حصول علم کے لیے داخل ہو سکتا ہے۔

۱۸۵۷ء کی جنگ آزادی کہ جسے انگریزوں نے غدر کا نام دیا تھا، اس کے بعد ہندوستان میں ہندوستانیوں کی حیثیت ایک محکوم کی سی ہو کر رہ گئی تھی۔ اس سے پہلے بھی چونکہ یہاں حملہ آور آتے رہے اس لیے یہ محکومی اور غیر نسلی تسلط عام زندگی گزارنے والوں کے لیے کوئی ایسے معنی نہ رکھتا تھا۔ اس لیے جب انگریز آیا تو اس کو بھی اپنے سپاہیوں میں ایسے ہندوستانیوں کو شامل کرنے میں کوئی مشکل پیش نہیں آئی۔ اور نہ ہی انہیں ایسی کسی بڑی بغاوت کا سامنا کرنا پڑا اگرچہ چھوٹے موٹے واقعات ہوتے رہے۔ ایسٹ انڈیا کمپنی کے بعد ویسے بھی انگریزوں کی ہندوستان میں حیثیت برطانوی حکومت کے ایک نمائندے کی ہو کر رہ گئی تھی اس لیے ہندوستانیوں نے خود کو برطانیہ کا الحاق تصور کرنا شروع کر دیا تھا اور نہ صرف تعلیم بلکہ سیاحت کے لیے بھی کئی ہندوستانیوں نے برطانیہ جانا شروع کر دیا تھا۔ انگلینڈ اور خاص طور پر لندن جانے والے ہندوستانیوں کا فکری تناظر بالکل بدل گیا تھا۔ اس لیے کہ جب انہوں نے لندن کی عمارتوں اور انگلینڈ کے کارخانوں کو دیکھا تو صنعتی انقلاب کی عملی صورت ان کی آنکھوں کے سامنے تھی۔ واپس آنے والے کچھ ہندوستانیوں نے تو اپنے آپ کو اپنے آباء واجداد سے بالکل الگ کر لیا اور اپنے طرز رہن سہن اور معاشرت کو انگریزی طرز رہن سہن اور کلچر سے جوڑنے کی کوشش کی مگر کچھ لوگ ایسے بھی تھے جنہوں نے اپنے تشخص کو اجاگر کرنے اور انگریز کی طرز معاشرت کے متوازی رکھنے کی جدوجہد کی۔ ہندوستانیوں میں شعور و آگہی کی بیداری کی کوشش کی ان میں سر سید احمد خان کا نام اور ان کی کوششیں سرفہرست ہیں۔ اگرچہ انہیں مسلمان دانشوروں اور مذہبی گروہوں کی جانب سے سخت مزاحمت کا سامنا کرنا پڑا۔

"سید احمد خان کا سفر نامہ پنجاب" ایک ایسی تالیف ہے جس میں مولوی سید اقبال

علی نے سید احمد خان کے ہمراہ سفر کیا اور اس سفر اور اس دوران پنجاب کے مختلف شہروں میں سید احمد خان کے خطبات کو سپرد قلم کر کے کتابی صورت میں محفوظ کر دیا۔

اس حوالے سے دیکھا جائے تو یہ سید احمد خان سے زیادہ مولوی سید اقبال علی کا کارنامہ لگتا ہے کہ انہوں نے نہایت توجہ، ذمہ داری اور خوبصورت انداز تحریر میں پنجاب کے ان شہروں کا احوال سپرد قلم کیا کہ جن میں سر سید احمد خان اپنے خیالات کے پرچار کے لیے آئے اور ان کے اس سفر کا مقصد ایک جانب ہندوستانیوں میں جدید تعلیم کے حصول کے لیے شعور و آگہی بیدار کرنا تھا تو دوسری جانب اپنے قائم کردہ تعلیمی ادارے کے لیے چندہ اکٹھا کرنا تھا۔ سر سید احمد اس بات کے پوری طرح قائل تھے کہ انہیں حکومت سے مالی امداد لیے بغیر ہندوستانیوں کی تعلیم و تربیت کے لیے جدید تعلیمی اداروں کے قیام کو استقامت دینا ہوگی۔ یہی وجہ ہے کہ انہوں نے ایک جانب تعلیم کو مذہبی عبادت گاہ کی عمارت سے باہر نکالا تو دوسری جانب مذہب کے ساتھ ساتھ جدید علوم کی تعلیم کے حصول کے لیے ہندوستانیوں کو آمادہ کیا۔

ایسے حالات میں کہ جب ہر جانب افراتفری کا دور دورہ تھا، ہندوستانیوں کی جانوں کو کوئی تحفظ حاصل نہ تھا، ان کے مستقبل کے بارے میں حکومتی اور اس سے پہلے بادشاہانہ طرز حکمرانی میں کوئی توجہ نہ دی جاتی رہی تھی، ایسے حالات میں فکری اور ذہنی سطح پر ان کو ایک قوم ہونے کا احساس دلانے اور ایک قوم کے طور پر زندگی گزارنے کا درس دینے والے سید احمد خان کے سامنے بہت بڑے بڑے چیلنج تھے۔ وہ مذہبی بنیادی نظریات کو بھی ساتھ لے کر چلنا چاہتے تھے اور جدید علوم سے بھی نئی نسل کی آگاہی کے خواہاں بھی تھے۔ ان دو کناروں میں ایک توازن رکھنا بہت مشکل کام تھا۔ ایک ہی وقت میں سیاسی، مذہبی اور سماجی محاذوں پر ایسی قوم کے لیے لڑنا کہ جس کی تاریخ صدیوں سے ایک قوم

کے حوالے سے اپنا تشخص ہی قائم نہ کر پائی ہو، انیسویں صدی کے ان آخری عشروں میں سر سید احمد خان کو جو مشکلات درپیش رہی ہوں گی، اس کے بارے میں مؤرخین اور سر سید احمد خان کے نقادین نے کبھی روشنی نہیں ڈالی۔ علی گڑھ سر سید کا وطن نہیں تھا اور نہ ہی وہاں ان کی کوئی جاگیر یا زمینداری تھی مگر قومی تعلیم کے لیے وہ اسے مدرسے کے لیے ایک مناسب مقام خیال کرتے تھے اس لیے وہاں انہوں نے مدرسے کی بنیاد رکھی۔

"سید احمد خان کا سفر نامہ پنجاب" ایسے حالات کی ایک پیش کش کی صورت بھی قرار دیا جاسکتا ہے۔ یہ بات درست ہے کہ اس سفر نامے سے یہ تاثر ملتا ہے کہ اہل پنجاب نے سر سید احمد خان کو ۱۸۸۴ء میں نہایت پرتپاک طریقے سے خوش آمدید کہا، علیگڑھ میں مختلف عمارتوں کی تعمیر کے لیے رقوم بھی فراہم کیں اور اس ادارے میں پڑھنے کے لیے اپنے بچوں کو بھی بھیجا۔

سر سید احمد خان لدھیانہ، جالندھر، امرت سر، گورداسپور، لاہور کے شہروں میں آئے اور مقامی لوگوں سے ، صاحبان علم و فن سے ملاقاتیں کیں۔ اگر ان کو کہیں ٹھہرانے کی بات ہوئی تو انہوں نے کہا کہ یہ پیسے بھی تعلیمی ادارے کے لیے دے دیں۔ اگر گھر میں دعوت کا اہتمام کیا گیا تو ان کا اصرار تھا کہ وہ یہ رقم بھی تعلیم و تربیت کے فروغ کے لیے عطیہ کر دیں۔ مگر ان سفر ناموں میں سید احمد خان نے لوگوں سے جو خطاب کیا، اس میں سید احمد خان کے نظریات کی واضح ترسیل ہوتی ہے، ان کے دلیل دینے کا پتہ چلتا ہے۔ اور اس کے ساتھ ان کو عملی طور پر درپیش مسائل کا بھی اندازہ ہوتا ہے۔ اُن کے یہ خطاب زبانی تھے۔ خاص طور پر اِن خطبوں میں جو سوالات اٹھائے گئے، ان کے جواب نہایت مدلل طریقے سے سر سید احمد خان پیش کرتے دکھائی دیتے ہیں۔

مولوی سید اقبال علی کا ان زبانی خطبوں کو لفظ بہ لفظ تحریری صورت میں لانے کا مقصد یہ تھا کہ جو لوگ وہاں موجود نہیں تھے، سر سید احمد خان کے خیالات ان تک بھی کتابی صورت میں پہنچ جائیں۔

سر سید احمد خان نے لدھیانہ کے ٹاؤن ہال سے اپنے لیکچروں کا آغاز کیا۔ پہلے لیکچر کا موضوع "قوم" کے موضوع پر تھا۔ آغاز میں بیان کرتے ہیں کہ ابتداء سے "قوم" کا لفظ کسی بزرگ کی نسل یا کسی ملک کے باشندہ ہونے سے رہا ہے مگر حضرت محمد ﷺ نے اس تفرقہ قومی کو مٹا دیا جو دنیاوی اعتبار سے تھا اور اس کا تعلق روحانی رشتہ قومی سے استوار کیا۔ تمام قومی سلسلے، تمام قومی رشتے اس روحانی رشتے کے سامنے نیست و نابود ہو گئے اور ایک نیا روحانی بلکہ خدائی قومی رشتہ قائم ہوا۔ اسلام کسی سے نہیں پوچھتا کہ وہ کس ملک یا علاقے کا رہنے والا ہے۔ وہ گورا ہے یا کالا، وہ پنجاب میں پیدا ہوا یا ہندوستان میں، سب کا ایک ہی روحانی باپ ہے۔

مگر آگے چل کر سر سید احمد خان یہ سوال اُٹھاتے ہیں کہ "ہم سب آپس میں بھائی تو ہیں مگر مثل برادران یوسف کے ہیں۔ آپس میں دوستی و محبت، یک دلی و یک جہتی بہت ہی کم ہے۔ حسد و بغض و عداوت کا ہر جگہ بد اثر پایا جاتا ہے، جس کا نتیجہ آپس کی نااتفاقی ہے"۔ (ص ۱۳) آگے چل کر کہتے ہیں، "جس قصبہ و شہر میں جاؤ، جس مسجد و امام باڑے میں گزرو، باہم مسلمانوں کے شیعہ و سنی، وہابی و بدعتی، لا مذہب و مقلد ہونے کی بنا پر آپس میں نفاق و عداوت پاؤ گے۔ نااتفاقیوں نے ہماری قوم کو نہایت ضعیف، اور ٹکڑے ٹکڑے کر دیا ہے۔ جمعیت کی برکت ہماری قوم سے جاتی رہی ہے۔ قومی ہمدردی اور قومی ترقی اور قومی امور کی انجام دہی میں اس نالائق نااتفاقی نے بہت کچھ بد اثر پہنچایا ہے"۔ (ص ۱۴)

آگے چل کر مزید وضاحت کرتے ہوئے سر سید احمد خان کہتے ہیں کہ یکتائی اور یک جہتی سے ان کی مراد یہ ہرگز نہیں ہے کہ لوگ اپنے عقیدوں کو چھوڑ کر ایک عقیدے پر ہو جائیں، اس لیے کہ یہ بات قانون قدرت کے برخلاف ہے، جو نہیں ہو سکتی۔ اور یہیں پر سر سید احمد خان کو قومی اتحاد کی پیروی کا راستہ دکھائی دیتا ہے جو ان سارے مسائل کو احسن طریق سے حل کر سکتا ہے۔ انسانی ہستی ان کو دو حصوں میں منقسم نظر آتی ہے۔ ایک حصہ خدا کے لیے اور دوسرا حصہ اپنے ابنائے جنس کا (ص ۱۵)۔

اپنے عقیدے کی بھلائی یا برائی جو بھی ہو، اس کا معاملہ اس کے خدا کے ساتھ ہے جب کہ ابنائے جنس کا معاملہ آپس کی محبت، باہمی دوستی، ایک دوسرے کی اعانت، ایک دوسرے کی ہمدردی ہے۔ سر سید احمد خان نے قومی اتحاد کا جو یہ فارمولا دریافت کیا تو یہ ان کے زمانے کے اعتبار سے نہایت موزوں تھا۔ ابتداء میں قائد اعظمؒ بھی تمام مذاہب سے متعلق ہندوستانیوں کو ایک ہی ملک میں ایک ہی ساتھ دیکھنا چاہتے تھے۔ مگر وقت نے یہ ثابت کیا کہ یہ تقسیم ایسی نہیں ہو سکتی۔ مختلف مذاہب کو ایک ساتھ رکھنے کے لیے سر سید احمد خان تمدنی سطح پر بات کرتے ہیں۔ اور اس بات پر یقین رکھتے ہیں کہ اس ملک اور اس سرزمین کی ہوا، پانی، پیداوار سب پر سب کا برابر کا حق ہے۔ باہمی نزع کو قومی معاملات سے الگ رکھنے کے لیے وہ امیر معاویہؓ اور حضرت علیؓ کی مثال دیتے ہیں کہ جب انہوں نے قیصر روم کو خط لکھا تھا۔ (ص ۱۷)

قومی تعلیم کے حوالے سے وہ کہتے ہیں:

"زمانہ اب نہیں رہا کہ ہم لوگوں کو مسجدوں اور خانقاہوں میں بٹھا کر اور ان کو خیرات کی روٹی دے کر یا چھوٹے موٹے اسکول و مکتب قائم کر کے قومی تعلیم کو ترقی دے لیں گے"۔ آگے چل کر کہتے ہیں کہ ہم نے اس اعلیٰ تعلیم کا جو در حقیقت قومی ترقی اور

قومی افتخار کا باعث ہے، کچھ سامان نہیں کیا۔ ہم مرجھائے ہوئے درخت کی جڑ میں پانی دینے کے بجائے اس کے پتوں پر پانی چھڑکتے ہیں۔

ایک قوم ہونے کے بارے میں سرسید کی تمام کوششیں جاری رہیں۔ ایک جگہ پر تو وہ یوں فرماتے ہیں کہ "میں خدا کا شکر ادا کرتا ہوں کہ میں اس پاک شخص کی ذریت میں ہوں جس کے لب مبارک، جو آخری وقت پر ہلتے تھے تو "امتی، امتی" کہتے تھے"۔ سرسید کی بھی خواہش تھی کہ جب ان کا وقت آخرت آجائے تو وہ "قومی، قومی" کہتے اس دنیا سے رخصت ہوں (ص ۱۰۹)۔

سرسید احمد خان کا یہ خیال بھی تھا کہ جب تک ہم خود قومی تعلیم اور قومی عزت کے لیے یہ کام اپنے ہاتھ میں نہ لے لیں گے، یہ کام نہ ہو سکے گا۔ وہ اس کام کے لیے گورنمنٹ پر بوجھ ڈالنے کو اور اس کے ہاتھ کی جانب دیکھنے کو نہایت بزدلی اور بے عزتی سمجھتے تھے۔ ان کے خیال میں یہ سب کام اپنی مدد آپ کے تحت باہمی مالی معاونت سے ہونا چاہئے۔

یہ کام آج کی ریاست کے تصور کے بالکل خلاف ہے کہ جہاں یہ کہا جاتا ہے کہ شہریوں کی تعلیم کی ذمہ داری ریاست کی ہے۔ اس سوچ نے قوم کے خیالات کو ایسا بنا دیا ہے کہ وہ ہر وقت بھکاریوں کی طرح حکمرانوں کی جانب دیکھتے رہتے ہیں۔ مگر دوسری طرف جن لوگوں نے ہمارے ملک میں تعلیم و تربیت کو اپنے ہاتھ میں لیا ہے، انہوں نے اسے صنعت قرار دیتے ہوئے آمدن اور کاروبار کا ذریعہ بنا لیا ہے۔ آج سے پچاس سال پہلے چلنے والے ٹرسٹ سکول یہ کام ایک مشن سمجھ کر کرتے تھے مگر آج طالب علم اور اس کے والدین کو اسکول انتظامیہ ایک کلائینٹ کے طور پر ڈیل کرتی ہے۔ یہی وجہ ہے کہ اسکول انتظامیہ ہر وقت پیسے بنانے کی فکر میں لگی رہتی ہے۔

سر سید جب لندن گئے، وہاں انہوں نے تعلیمی اداروں کو دیکھا ہو گا تو ان کے دل میں بھی بورڈنگ ہاؤس کا خیال آیا ہو گا۔ شاید یہی وجہ ہو گی کہ وہ اسکول کے لیے بورڈنگ ہاؤس کو لازمی خیال کرتے تھے۔ ان کا خیال تھا کہ ہمارے گھروں اور محلوں میں بچوں کی تربیت درست طور پر نہیں ہو سکتے، بہتر ہے کہ وہ ایک بورڈنگ ہاؤس میں رہیں، ایک دوسرے کے ساتھ اچھے تعلقات قائم ہوں اور وہ بحیثیت مجموعی ایک قوم کے ایک ہی چھت تلے پروان چڑھیں۔

آج ہم اپنے بچوں کو اس لیے مہنگے اور بڑے اسکولوں میں داخل کرواتے ہیں تاکہ وہاں ان کے تعلقات اور دوستیاں بڑے لوگوں کے بچوں کے ساتھ ہو سکیں اور جب یہ عملی زندگی میں آئیں تو ان بڑے لوگوں کے بچوں کے ساتھ مل کر زندگی میں زیادہ کامیاب ہو سکیں۔ سر سید احمد خان کا نقطہ ء نظر ہے کہ "قومی تعلیم ایک بند مکان میں ہونی چاہیے جہاں پر کہیں سے بیرونی صحبت کا اثر نہ پہنچتا ہو۔ قوم کے لڑکے ایک محفوظ بورڈنگ ہاؤس میں مل کر رہیں۔ آپس میں بورڈر ہونے، ہم کالج ہونے کی وجہ سے آپس میں محبت رکھیں"۔ آگے چل کر کہتے ہیں؛"اس بات کو خوب یاد رکھیے کہ قومی تعلیم کبھی علیحدہ علیحدہ نہیں ہو سکتی، اپنے اپنے طور پر تعلیم کرنا بچوں کو سوائے غارت کرنے کے اور کچھ نتیجہ نہیں دیتا"۔

قومی تعلیم اور اس کا ایک قوم بنانے کے کردار میں حصہ کے حوالے سے سر سید کے نظریات ان کی حد تک بہت واضح تھے۔ وہ جو کہتے، اسلامی تاریخ سے وضاحتی مثالیں لے کر آتے۔ جن لوگوں نے ان کی نامکمل باتیں سنی ہوتیں، وہ ان کے خلاف ہوتے مگر جب ان کو کہیں سر سید احمد خان کی مکمل بات سننے کا موقع مل جاتا، وہ ان کی حمایت میں نکل پڑتے۔ اس وقت ہمارے ملک میں تعلیم و تربیت جس بحران کا شکار ہے، مدرسے اور

اسکول میں جو تفاوت پیدا ہو چکا ہے اس نے معاشرے کو الگ الگ حصوں میں تقسیم کر دیا ہے۔ ایک جانب اردو اور انگریزی تعلیم حاصل کرنے والوں میں باہمی تفریق ہے تو دوسری جانب ہزاروں کی تعداد میں مدرسے ہیں جو مذہبی تعلیم دے رہے ہیں۔ ان کے درمیان ابعاد نے معاشرے میں نہایت پیچیدہ قسم کی کشمکش اور باہم نفرت کی دیواریں کھڑی کر دی ہیں۔ روز بروز یہ تفریق بڑھتی جا رہی ہے۔ ایک سلیبس ایک تعلیمی نظام اور ایک طرح کے روزگار کے ذرائع نہ ملنے کے سبب ان مختلف تعلیمی اداروں سے فارغ ہونے والوں کی زندگیوں کے راستے یہیں الگ الگ ہو جاتے ہیں۔ اگر سر سید کی ان تعلیمات کو سنجیدگی سے اپنا لیا جاتا تو آج ملک میں تعلیم کی یہ صورت حال نہ ہوتی۔ دین اور دنیا ساتھ ساتھ چل رہے ہوتے۔ مذہب اور تفرقے کی بنیاد پر معاشرے میں ایسی گروہ بندی نہ ہوتی۔

سر سید احمد خان کے متوازی برطانوی حکومت نے ایک طریقۂ تعلیم متعارف کروایا اور ہندوستان میں سکول، کالج اور یونیورسٹیاں بنائیں اور جدید اطوار کے مطابق تعلیم کے حصول کے ذرائع مہیا کیے۔ اس کے ساتھ ساتھ سول سروس میں ہندوستانیوں کی شمولیت کے لیے مقابلے کی امتحان میں بیٹھنے کی اجازت دی۔ اس وقت یہ امتحان انگلینڈ میں ہوتا تھا اور امتحان دینے کے لیے طالب علم کو انگلینڈ جانا پڑتا تھا، جہاں برطانوی شہریت رکھنے والے طالب علم بھی اس امتحان میں بیٹھتے تھے۔ پاکستان بننے کے بعد اگر حکومت تعلیمی پالیسی کو یکساں طور پر رائج کرتی تو موجودہ عہد کی تعلیمی پرائیویٹائیزیشن کی صورت حال پیدا نہ ہوتی۔ سر سید احمد خان کے نظریات کو جزوی طور پر سمجھ کر ان کے خلاف محاذ آرائی نے پاکستان کے طلباء کو ایک تعلیمی نظام سے دور رکھا اور گذشتہ ربع صدی سے جن مذہبی جماعتوں نے تعلیم کو اپنی اولین ترجیحات میں رکھا ہوا ہے، انہوں نے مضامین اور

سلیبس کو بھی اپنے زاویے سے بنا کر پیش کیا ہے جس نے حصول تعلیم کی سمت نمائی درست نہیں رہنے دی۔ سرسید احمد خان نے مذہبی اور دنیاوی تعلیم کے درمیان جو توازن قائم کرنے کی کوشش کی، ہم نے اس جانب کبھی توجہ نہیں دی اور آج تعلیم اور تعلیمی ادارے ہر لحاظ سے غیر متوازن دکھائی دیتے ہیں۔

٭٭٭

سر سید اور عصرِ جدید کے تقاضے

ڈاکٹر راحت ابرار

سر سید احمد خاں (۱۸۱۷-۱۸۹۸) محض دانش گاہ علی گڑھ کے بانی ہی نہیں تھے بلکہ وہ جدید فکر کے بانی ہونے کے ساتھ ساتھ ایک عظیم رہنما بھی تھے، جنھوں نے مسلم معاشرے کے متوسط طبقہ کو ایک نیا تاریخی موڑ دینے کا فریضہ انجام دیا اور اپنی ۸۰ سالہ ہنگامہ خیز زندگی میں تعلیمی، سیاسی، مذہبی، سماجی، ادبی، تخلیقی غرض ہر قسم کے علمی، ملی اور قومی مشاغل میں نمایاں حصہ لیا اور زندگی کے ہر میدان میں اپنا نقش بٹھایا اور ہر جگہ دیرپا اثرات چھوڑے۔۔۔ خاص کر تعلیمی معاملات میں ان کے افکار و نظریات نے علی گڑھ کی تعلیمی تحریک کی صورت اختیار کی، اس تحریک نے مسلمانوں کو ایک نئی فکر اور مستقبل شناسی کی طرف گامزن کیا اور آج پوری دنیا کے ہر گوشہ میں سر سید کے قائم کردہ ادارے کے "سر سید زادے" پھیلے ہوئے ہیں۔ یہی وجہ ہے کہ آج سر سید کا شمار جدید ہندوستان کے معماروں میں کیا جاتا ہے اور ان کی قائم کردہ درس گاہ کو ممتاز مستشرق ہملٹن گب (Hamilton Gibb) "اسلام کا جدید ادارہ" قرار دیتا ہے۔ وہیں سر سید کی جدوجہد کو اسلامی تاریخ کے وسیع عالمی تناظر میں پہچاننے کی کوشش کی ہے۔ ان کے قول کے مطابق:

"اس طرح سر سید کے کارنامے ترکی کے مدحت پاشا اور فواد پاشا، ایران کے جحت

الاسلام شیخ ہادی، مصر کے مصطفیٰ کامل، تیونس کے امیر الدین پاشا، الجیریا کے امیر القادر، طرابلس کے امام محمد مسنوسی، افغانستان کے سید جمال الدین افغانی اور روس کے مفتی عالم جان کے کارناموں کے برابر ہیں"۔

۱۸۵۷ء کے انقلاب کے نتیجہ میں سر سید ایک سیاسی مفکر کے طور پر ابھر کر سامنے آتے ہیں۔ غدر سے پہلے سر سید جامِ جم، جلاء القلوب بذکر المحبوب، آثار الصنادید کے سر سید تھے، غدر کے بعد تاریخ سرکشیٔ بجنور، اسباب بغاوتِ ہند، رسالہ خیر خواہانِ مسلمانان اور تبین الکلام کے سر سید بن گئے جنھوں نے تصادم، یا مناظرے کے بجائے افہام و تفہیم اور مکالمہ کو اپنا وسیلہ بنایا۔ وہ ملک و ملت کی تعمیر کے خواہاں اور تخریب سے گریزاں تھے۔ ۱۸۵۷ء کے بعد جو کچھ انہوں نے لکھا، کہا یا کیا اس کا بہت بڑا حصہ مسلمانوں کے پولیٹکل اصلاح سے تعلق رکھتا ہے۔ سر سید تعلیم کو سیاسی بازیافت کا ایک وسیلہ اور ذریعہ تصور کرتے تھے۔

۱۸۵۷ء کے حالات، حادثات اور واقعات سے متاثر ہو کر ہی سر سید نے اپنی زندگی کو وقف کر دیا اور ملک و قوم کی ضرورت کے لئے ایک سیاسی حکمتِ عملی وضع کی جس کی وجہ سے ہندوستان کو مسلم اسپین بننے سے روکنے میں کلیدی کردار ادا کیا۔ میرے نزدیک ملتِ اسلامیہ کے لیے یہ ان کا سب سے بڑا کارنامہ ہے جس پر سر سید کے محققین نے کوئی خاص توجہ نہیں دی۔ البتہ "سر سید کی بصیرت" کے مصنف اسرار عالم نے سر سید کی شخصیت اور ان کا کارناموں پر سیر حاصل بحث کرتے ہوئے لکھا ہے کہ:

"ہندوستان میں سر سید جیسا عبقری باستثنائے غالب شاید ہی ملتِ اسلامیہ میں پیدا ہو، اندلس صرف اس لئے اسپین بن گیا کہ وہاں پندرھویں صدی میں کوئی سر سید پیدا نہ ہوا۔ سر سید کا یہ کارنامہ تاریخ میں زندہ وجاوید رہے گا کہ انھوں نے علی گڑھ بنایا۔

سر سید کے جانشین سر سید کی عبقریت کو کہاں پاسکے"۔

اس موضوع پر وہ مزید لکھتے ہیں کہ "کیا یہ حقیقت نہیں کہ آج پورا عالمِ اسلام اسپین صرف اس لئے نہ بنایا جاسکا کہ انیسویں صدی کے ہندوستان میں سر سید پیدا ہو گیا؟"

پروفیسر رشید احمد صدیقی نے اپنے ایک مضمون 'علی گڑھ تحریک' میں سر سید کے ناقدین کے بارے میں کہا ہے کہ:

"سر سید کے نکتہ چینوں نے اس پر غور نہیں کیا کہ غدر مسلمانوں کے حق میں کیسا ہولناک حادثہ تھا اور مسلمان کن تاریخی حوادث سے دوچار تھے۔ سر سید نہیں چاہتے تھے کہ ہندوستان میں مسلمانوں کا وہ انجام ہو جو اسپین میں ہوا۔ سر سید نے ہندوستان میں دوسرا اسپین اسٹیج ہونے کا سد باب کیا۔"

سر سید نے اپنے رسالہ انسٹی ٹیوٹ گزٹ کے یکم جنوری ۱۸۷۸ء کے شمارے میں مصائب اندلس پر سید یحیٰ قرطبی کے مرثیے کا اردو ترجمہ شائع اس لیے کرایا کہ اگر مسلمانوں نے وقت کے تقاضوں کو نہیں سمجھا اور اپنی اصلاح نہیں کی تو دوسرا اسپین ہو سکتا ہے۔ سر سید نے اس رسالہ میں لکھا کہ "سید یحیٰ قرطبی اندلسی اپنے مرثیے میں اپنے ہم عصروں کو روتا تھا، ہم اس زمانے میں اپنی قوم پر روتے ہیں، ہم میں اور اس میں یہ فرق ہے کہ وہ اس بات کو روتا تھا کہ جو ہو چکی تھی اور ہم اس بات پر روتے ہیں جو ہماری قوم پر ہونے والی ہے۔ وہ مردوں پر روتا تھا، ہم ان لاشوں پر مرثیہ پڑھتے ہیں جو جاندار ہو کر بے جان ہیں۔"

تحریکِ آزادی کی پہلی جنگ کے بعد سر سید کی چشمِ بیدار نے احیائے ملی کا جو خواب دیکھا اس کی تعبیر کا سامان اسی آب و گیاہ بستی میں میسر آیا۔ پروفیسر اشتیاق احمد ظلی نے ۱۷ اکتوبر ۲۰۱۹ء کو یومِ سر سید تقریبات کو خطاب کرتے ہوئے کہا تھا کہ:

"جب سیاسی اقتدار ہاتھوں سے جاتا رہا تو سرسید نے علم و دانش کی ایک نئی مملکت کی بنیاد رکھی۔ یہ صرف درسگاہ نہیں تھی جہاں سرکاری ملازمتوں کے لئے درکار اسناد فراہم کی جاتی تھیں بلکہ اس کے ذریعہ مسلمانوں کی تہذیبی اور نفسیاتی ضرورتوں کی تکمیل بھی ہوتی تھی۔ سرسید کو اپنی شکست خوردہ قوم کی ان ضرورتوں کا ادراک بھی تھا اور ان کی تکمیل کے لئے جو وسائل درکار تھے ان کا شعور بھی۔ مدرسۃ العلوم کی خوبصورت اور پرشکوہ عمارتوں کی تعمیر بھی اسی منصوبہ کا حصہ تھی۔ ملک کا کوئی اور ادارہ ملی امیدوں، آرزوؤں اور عقیدت و محبت کا ایسا مرکز نہیں بن سکا جب کہ سرسید کا یہ ادارہ"۔

خود بانی درسگاہ سرسید احمد خاں نے 'مدرسۃ العلوم مسلمانان' کے عنوان سے اپنے ایک مضمون میں مستقبل کی مسلم یونیورسٹی کے طالب علموں سے کیا توقعات وابستہ کی تھیں۔ اس پر بھی ہماری نظر ہونی چاہیے:

"قدیم مسلمانوں کی تاریخ دیکھنے سے ثابت ہوتا ہے کہ جب ان کے پاس اسپین میں تعلیم کی ترقی تھی تو قرطبہ اور غرناطہ کی یونیورسٹیوں میں تمام قوموں و مذہبوں کے طالب علم بلا تفرقہ وغیرہ کے نہایت خوشی سے تعلیم دی جاتی تھی اور ہر قوم و مذہب کے لوگ اس میں پڑھتے۔ ہم کو خدا سے امید ہے کہ یہ مدرسۃ العلوم بھی پھر وہی پرانی کھوئی ہوئی عزت و نیک نامی ہر ایک قوم کو تعلیم دینے سے حاصل کرے گا۔"

سرسید کی تصنیف 'اسباب سرکشی ہندوستان کا جواب' مضمون' کے مترجم سر آکلینڈ کولون (Aucknand Colvin) نے سرسید کی زندگی میں ہی اتر پردیش گورنر کی حیثیت سے اس ادارے کا دورہ کرتے ہوئے طلباء کو خطاب کرتے ہوئے ۱۰؍مارچ ۱۸۸۸ء کو یہ تسلیم کرنا پڑا کہ "علی گڑھ کالج کا تعلیم یافتہ ہونا ہر ایک آدمی کے لئے انگریزوں اور ہندوستانیوں کی نظروں میں معزز ہونے کی ایک سند ہے۔ وہ (طالبِ علم)

اپنے ساتھ وہاں کی تعلیم و تربیت کی مہر اور اس کے عقل و دماغ کا نقش لے جاتے ہیں جس کی نگرانی میں ان کی تعلیم و تربیت ہوتی ہے"۔

سر سید کے تعلیمی مشن کو آگے بڑھانے میں ان کے وہ رفقاء جو ان کے دست و بازو تھے مگر سر سید کے مذہبی افکار و نظریات پر علماء اور دانشوروں نے سب سے زیادہ تنقید کی ہے۔ خود سر سید کے رفقاء میں مولوی محمد سمیع اللہ خاں، خواجہ محمد یوسف، محسن الملک، وقار الملک، ڈپٹی نذیر احمد اور علامہ شبلی نعمانی بھی اختلاف رکھتے تھے۔ مگر آج کے علماء سر سید کو علیہ رحمہ قرار دے رہے ہیں اور سر سید کی عظمت کا سورج آج بھی نصف النہار پر ہے۔ سر سید نے شیخ عبد القادر جیلانی، امام غزالی اور امام ربانی مجد الف ثانی کی مثالوں کو اپنے سامنے رکھا اور ان سے فیضان حاصل کیا۔ ان بزرگانِ دین کو بھی اپنی مصلحانہ کوششوں میں شدید مخالفت کا سامنا کرنا پڑا تھا۔ سر سید اس بات سے بخوبی واقف تھے کہ ہر نئی تحریک اختلافات کی آغوش میں ہی پرورش پاتی ہیں۔

سر سید در حقیقت مسلمانوں میں ایک نئی فکری تحریک کے بانی تھے اور اجتہاد اور تنقیدِ مذہب کی تحریک کے علمبردار تھے۔ جدید ہندوستان کے وہ پہلے ایسے شخص تھے جنھوں نے اصولِ مذہب کی از سر نو چھان بین کی اور مدافعت مذہب کے لئے جدید علم کلام کے اصول قائم کئے۔ اس سلسلے میں خود مولانا ابو الکلام آزاد سر سید کے سیاسی نظریات کے سخت مخالف تھے مگر سر سید کے جدید علم الکلام کے حامی تھے۔ بقول ان کے:

"سر سید ہی دنیا میں پہلا شخص ہے جس نے پہلے پہل ضرورت محسوس کی کہ جدید فلسفہ کے مقابلہ میں جدید علم الکلام کی ضرورت ہے۔" (وکیل)

ڈاکٹر بشیر احمد ڈار ان دانشوروں میں شامل ہیں جنھوں نے سر سید کے مذہبی افکار

کو اپنی تحقیق و تصنیف کا موضوع بنایا۔ڈاکٹر ڈار کے مطابق:

"سرسید عہدِ جدید کے پہلے شخص تھے جنھوں نے اسلام کی نئ تعبیر کی ضرورت محسوس کی جو وسیع المشرب، جدید اور ترقی پسند ہے"۔

سرسید کی فکر پر اسلام کی تعمیرِ نو میں نئے علم الکلام کے موضوع پر جن دانشوروں نے تحقیقی نوعیت کے کام کئے ہیں، ان میں ایک اہم معتبر نام کرسچین ولیم ٹرال کا ہے۔ ان کے مطابق:

"سرسید کا اصل کارنامہ یہ ہے کہ انہوں نے اپنے ہم مذہبوں کو مغرب کی نفرت سے باز رکھا اور انھیں بتایا کہ جدید مغربی علوم ان کے مذہب کے لئے نقصان دہ نہیں ہیں"۔

سرسید احمد خاں کے دوسو سالہ جشنِ ولادت اور مسلم یونیورسٹی کے قیام کے صد سالہ جشن کے موقعوں پر سرسید کے عقیدت مندوں اور مسلم یونیورسٹی کے سابق طالبِ علموں کی طرف سے دنیا بھر میں جشن برپا کیا گیا اور بہت سی نئ مطبوعات سے سرسید شناسی میں اضافہ بھی ہوا ہے مگر ہمیں اپنا احتساب کرتے رہنا چاہیے۔

خواجہ الطاف حسین حالی کی حیاتِ جاوید جو سرسید کی سوانح عمری ہے، اس کو اردو زبان میں مستند کتاب تصور کیا جاتا ہے اور اس کتاب کی نوعیت حوالہ جاتی ہے۔ حالی کی شاندار خدمات اپنی جگہ مگر اس کتاب میں بہت سی غلطیاں پائی گئ ہیں۔ ممتاز محقق پروفیسر شافع قداوئی نے "سرسید بازیافت" میں حیاتِ جاوید کی غلطیوں کی نشان دہی کر دی ہے۔ خود راقم الحروف نے بھی اپنی حالیہ کتاب "سرسید احمد خاں اور ۱۸۵۷ء میں سرسید کی ۱۸۵۹ء میں شائع کردہ کتاب "اسباب سرکشی ہندوستان کا جواب مضمون" کو حیاتِ جاوید کے ضمیمہ میں 'اسباب بغاوتِ ہند' کر دیا اور تبھی سے سیکڑوں کتابیں اس

عنوان سے شائع ہو گئیں۔

سرسید پر ایک بڑا اور اہم کام اسماعیل پانی پتی کی جانب سے "مقالات سرسید" کی سولہ جلدوں کی اشاعت ہے جو مجلسِ ترقی ادب، لاہور سے شائع ہوئی ہیں اور ان مقالات کو بھی حوالہ جاتی حیثیت حاصل ہے مگر جو لوگ سرسید کی اصل تحریر کا مطالعہ کرتے ہیں انھیں اس بات کا اندازہ ہو جاتا ہے کہ مقالات میں سرسید کے حوالے سے جو کچھ لکھا گیا ہے وہ سرسید کے اصل متن سے مختلف ہے۔ اس سلسلے میں سرسید اکادمی نے اب مقالات سرسید کو تصحیح کر کے شائع کرنے کا فیصلہ کیا ہے اور کئی جلدیں شائع بھی ہو چکی ہیں۔

اسی طرح مسلم یونیورسٹی روڈ پر انجینئرنگ کالج کے صدر دروازے کے قریب ڈک پوائنٹ پر انگریزی میں The last message of Sir Syed بہت بڑے پتھر پر کندہ ہے۔ سرسید نے یہ آخری پیغام کہاں اور کب دیا؟۔ شافع قدوائی صاحب، خود راقم اور سرسید پر کام کرنے والے نوجوان محقق اسعد فیصل فاروقی نے بہت ہی تحقیق و جستجو سے اس پیغام کو تلاش کیا مگر کہیں بھی دستیاب نہیں ہوا۔ ہمیں سرسید اور علی گڑھ تحریک سے متعلق اصل متن پر ہی توجہ دینی چاہیے اور علی گڑھ کی تاریخ پر ضرب کاری نہیں لگانی چاہیے۔

***